新課程
博物館学
ハンドブック
1

米田文孝

森　隆男　編著

山口卓也

関西大学出版部

はしがき

　近年、博物館を取り巻く環境は大きく変貌し、とくに高齢化社会の到来や景気低迷などによる地方自治体・企業の財政状態の悪化は、展示・資料収集・教育普及活動というような博物館の根幹にかかわる活動にまで大きな影響を及ぼしている。その結果、さらなる学芸員の創意工夫が求められ、学芸員を養成する場においても、多様な問題に対応できる高い意識と能力を備えた実践力のある学芸員を送り出す必要性が求められている。

　関西大学では、網干善教・髙橋隆博編著『博物館学概説』、髙橋隆博・森隆男・米田文孝編著『博物館学ハンドブック』を刊行し、時代に対応した内容に改訂しながら、教科書・副読本として用いてきた。幸いにも、各大学の学芸員養成課程講座などでも、活用していただいているところである。

　今回、文部科学省による登録博物館制度と学芸員制度の改正を意図した博物館法施行規則の一部改訂が行われた。その結果、学芸員養成にかかる充実策の一環として、平成24（2012）年度から新科目の設置による取得必要単位数の増加や、各科目の内容強化を骨子とする新課程が開講されることになった。関西大学の博物館学課程では、これに対応した新教科書を作成することになり、課程にかかわる教職員はもとより、博物館の第一線で活躍されている本学の卒業生の方々にも執筆をお願いした。

　学芸員を目指す学生諸君はぜひ本書を手にして、講義のみならず博物館園に出かけ、実践的にいろいろな問題意識をもっていただくことを願望している。

　　　　　　　　　　　　　　　　　　　　　　　　　　　　　米田　文孝
　　　　　　　　　　　　　　　　　　　　　　　　　　　　　森　　隆男
　　　　　　　　　　　　　　　　　　　　　　　　　　　　　山口　卓也

新課程　博物館学ハンドブック1

目　次

はしがき

I　博物館概論
  1　博物館学の目的・方法・構成 …………………………………………………… 2
     コラム　東京国立博物館 ……………………………………………………… 5
  2　博物館学史 ………………………………………………………………………… 6
  3　博物館の定義 ……………………………………………………………………… 8
  4　種類 ………………………………………………………………………………… 10
  5　目的 ………………………………………………………………………………… 14
     コラム　大阪歴史博物館 ……………………………………………………… 15
  6・7　機能 …………………………………………………………………………… 16
     コラム　海外の博物館1―英国の大学博物館― ………………………… 18
  8　わが国及び諸外国の博物館の歴史（1） ……………………………………… 20
     コラム　海外の博物館2―ドイツ博物館― ……………………………… 24
  9　わが国及び諸外国の博物館の歴史（2） ……………………………………… 26
     コラム　海外の博物館3―台北縣立十三行博物館― …………………… 31
  10　動植物園・水族館の歴史 ……………………………………………………… 32
     コラム　大阪市立自然史博物館 ……………………………………………… 34
  11　博物館の現状と課題 …………………………………………………………… 36
  12　博物館の未来像 ………………………………………………………………… 40
     コラム　高知県立文学館 ……………………………………………………… 42
  13　わが国及び諸外国の博物館をめぐる現状 …………………………………… 44
  14　学芸員の役割 …………………………………………………………………… 46
     コラム　日本民家集落博物館 ………………………………………………… 48
  15　博物館関連法令・条約等 ……………………………………………………… 50

II　博物館経営論
  1　博物館経営の目的　性格　意義 ………………………………………………… 54
  2　行政制度　行政機関との関係　公立博物館 …………………………………… 56

3　館の設置及び運営に関する基準の改正　博物館法の改正 …… 58
　　4　行政改革　ＰＦＩ法　指定管理者制度 …… 60
　　5　予算　歳入と歳出　運営コスト　入館料　補助金　寄付 …… 62
　　6　博物館の立地と環境　博物館施設の設計と概要 …… 64
　　7　組織と職員 …… 66
　　　　コラム　学芸員配置の基準 …… 68
　　8　使命と計画と評価 …… 70
　　9　博物館倫理（行動規範） …… 74
　10　博物館の危機管理 …… 80
　　　　コラム　神戸市立博物館と震災 …… 83
　11　利用者との関係－マーケティング－ …… 84
　12　市民参画（友の会　ボランティア　支援組織） …… 88
　13　博物館ネットワーク・他館との連携 …… 90
　　　　コラム　北大阪ミュージアム・ネットワーク …… 92
　14　博物館における連携　他機関（行政・大学・類似機関等）との連携 …… 94
　15　地域社会と博物館　地域の活性化、地域社会との連携 …… 96

Ⅲ　博物館資料論
　　1　調査研究活動の意義と内容 …… 100
　　2　調査研究成果の還元 …… 102
　　　　コラム　学芸員の専門性 …… 103
　　3　資料の意義 …… 104
　　4　資料の種類 …… 106
　　　　コラム　民家の調査と民具の展示 …… 108
　　5　資料化の過程 …… 110
　　6　収集の理念と方法 …… 112
　　7　資料の収集から登録 …… 114
　　8　受入れ手続き …… 116
　　9　収集記録の方法（カードやデータ化、写真、図、採寸） …… 118
　10　二次資料の作製（模型・レプリカなど） …… 120
　　　　コラム　修復と複製、模型『博物館資料論』 …… 122
　11　人文系資料の鑑定、分類と整理 …… 124
　　　　コラム　寄贈と贋作 …… 126
　　　　コラム　贋作と摸作 …… 127

12	自然史系資料の同定、分類と整理	128
	コラム　リンネの分類	131
13	目録の作成、資料の管理（展示や貸出などの移動、活用記録など）	132
	コラム　民具の展示	135
14	資料公開の理念	136
15	特別利用の方法	138

資料編

博物館法	142
博物館法施行規則	147
博物館の設置及び運営上の望ましい基準	154
公立博物館の設置及び運営に関する基準	158

参考文献

I　博物館概論

玦状耳飾（縄文時代前期　重要文化財　関西大学博物館蔵）

I　博物館概論

1　博物館学の目的・方法・構成

　博物館学（Museology）は、博物館（Museum）と論理学（Logic）が結合した語義から、博物館の概念や理論構成、さらに派生する諸問題を総合的に取り扱う科学的研究分野である。ここでは、博物館学の目的・方法・構成についてその枠組みを学び考える。

1　博物館学の目的

　現在、世界中にどのくらいの博物館があるのか、明確に把握することは困難である。2004年刊行の"Museums of the World"（第11版）では世界201カ国に総数49,551館、2010年刊行の『社会教育調査報告書』（文部科学省）では、わが国に5,775館（登録博物館907館、博物館相当施設341館、博物館類似施設4,527館）の博物館があるという。その入館者総数は2006年度、約2億7,987万人（開館総数5,676館）にのぼる。このように世界の各地域には相当数の博物館があるが、政治的な動向や経済環境の変化などによって開館あるいは閉館される博物館があり、その数値は流動的である。

　これらの博物館の設立の経緯や目的は多岐に及ぶが、博物館学は過去を含めこのような多様な博物館の実像を基礎に、そこに通底する理念とそれに基づく普遍的な方法・手法などを調査研究し、その本質を探求する学問分野であるとともに、博物館の将来像はどうあるべきか、時代に即した充実度の高い博物館の目的や方法などを策定・構築する学問分野である。

　その一方で、学芸員間においてさえ博物館学の不在論もあるように、現状として歴史が浅く、研究者数も少ない学問分野であり、確固たる学理が必ずしも樹立されていない萌芽段階にあるという実態がある。実際、わが国で博物館学の目的に言及したのは、1956年に刊行された鶴田総一郎の『博物館学入門』を嚆矢とするように、近年のことである。

　この状況は、博物館学を構成する諸分野がその収集資料を保存する必要性などから、個別に博物館に発展させてきたという歴史的な経緯が反映しているのであろうが、単にこれらを総合したものを博物館学とするのではなく、本質的に「博物館とは何か」、「博物館はどうあるべきか」ということが命題になるとともに、利用者が活用できる良い博物館を造ることが博物館学の目的とできよう。

　将来的には、博物館を取り巻く環境の変化や時代・社会の要請を勘案しながら、その理念や観念の形成をはじめとして、具体的な方法論的課題や技術論的課題などの調査研究・解決を目的・内容とする、総合科学的な認識を共有する研究領域として体系化され、拡充・発展することが期待される。

2　博物館学の方法

　倉田公裕・矢島國雄氏は、「博物館とは、人類とその社会が創り出した社会的・文化的装置であり、人類とその文化・社会、そして自然に関わる具体的な物証を収集・保存し、科学的な調査・研究に

よって収集資料の価値を確定し、あるいは価値を高め、その収集資料の展示・公開による教育をその役割とする機関」と規定する。この人文・社会・自然の諸科学に及ぶ博物館の具体的な役割を調査研究するため、その方法論は多岐に及ぶ学際的なものになる。

具体的にみると、理念・観念の形成を考える分野では、①博物館の出現や創設について歴史的な発展を哲学や思想などを背景に探求する研究、②博物館が生み出した成果や社会・文化などに及ぼした影響を模索する研究、③博物館とその利用者である人々や社会との関係を考究する研究、④博物館の生涯学習機関としての役割を理論も含め教育学的、心理学的に構築する研究などがある。

また、方法論や技術論などの課題の調査研究や解決を求める分野では、①博物館資料の収集・保管・展示などに関する方法的・技術的な研究、②博物館資料の保存や修復、その展示方法などに関する保存科学的な研究、③博物館の運営や行財政にかかわる経営学的な研究、④博物館施設に求められる構造や諸活動を円滑にする施設に関する建築学的な研究などがある。

このように、博物館学の方法・内容は人文・社会・自然科学と学際的に広く及び、博物館を中心として相互に連関した学問領域であることがわかる。この状況こそが、前述した博物館学などは存在しないという認識につながっているのであろうが、「博物館あって博物館学なし」というわが国の現状を改善するために、博物館学は総合科学として推進する姿勢が必要である。

3　博物館学の構成

博物館学の構成要素は、その認識される段階に応じて多岐に及ぶ。例えば、人文系の博物館において、収蔵品の中心を構成する特定の資料と密接に関連する分野（歴史学や考古学、民俗学、民族学、美術史学など）や、資料の保存・修復に関連する諸科学（化学や物理学、生物学など）が博物館学の基幹的な構成要素であることは論を俟たないが、上位概念に統合され学理が構築されるにしたがい、周圏論的に関連する学問領域に波及し、その過程で哲学や論理学、教育学、心理学、財政学、工学、建築学などの関連分野を包摂しつつある。1911年、黒坂勝美が博物館学という用語を提唱して一世紀、博物館学がまだ膨張過程の途次にあることから、その明確な範囲を確認することは難しいが、新たな世紀を迎えた博物館学はどのような変貌を遂げるのであろうか。

また、いずれの学問体系でも備える理論と実践という観点から、博物館学と総称する研究領域を、理念的課題を中心とした博物館学（Museology）と、方法的課題や技術的課題の解決を中心にする博物館技術学（Museography）とに区分して整理するものや、さらにシステム的に博物館学を区分して整理する考え方も提唱されている。

学芸員資格取得に必要な専門科目としての構成要素は、1953年の文部省社会教育局編による『学芸員講習講義要綱』では、博物館概論や博物館資料分類及び目録法などの4科目から出発している。2012年度からの新課程では、新科目である博物館教育論・博物館資料保存論・博物館展示論の3科目を含め、9科目（19単位）に増強されている。

博物館学を推進する機関として、全日本博物館学会や日本博物館マネージメント学会、展示学会、

I　博物館概論

保存修復学会などの学会もある。また、2006年度に時限付き科目として募集が開始された文部科学省の科学研究費補助金は、2011年度から新設科目として恒常化されるなど、博物館学の認知とその推進体制は整いつつある。

　なお、日本の場合、博物館学の軸を構成する博物館は博物館法にしたがって、登録博物館・博物館相当施設・博物館類似施設に3区分されているが、各博物館の区分とその実態とは必ずしも一致しておらず、博物館学の構成を複雑にする要因の一つでもある。　　　　　　　　　　　　（米田）

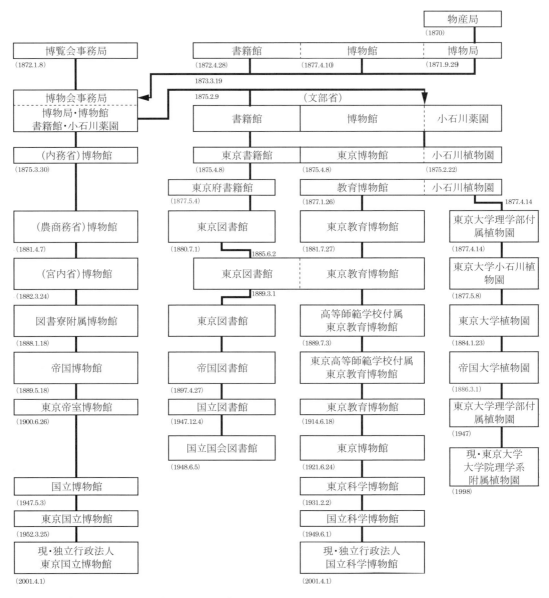

※カッコ内の年月はその機関の設立時
　無カッコで記入した年月は統合、分離の時期を示す

〔樋口・椎名ほか1981より、一部改変〕

博物館事務局と文部省博物館の系譜

Column

東京国立博物館

　日本における博物館園を語るうえで欠かせない博物館が、独立行政法人東京国立博物館（以下、東京国立博物館）である。その歴史については、「わが国及び諸外国の博物館の歴史（2）」に詳しい。ここでは、東京国立博物館の展示施設や収蔵品などについて簡単に紹介したい。

1　東京国立博物館の施設

　東京国立博物館は、「本館」、「平成館」、「東洋館」、「法隆寺宝物館」、「黒田記念館」、現在は展示が行われていないが、重要文化財に指定されている「表慶館」、「森鷗外総長室跡」、書籍などを集めた「資料館」、茶室の「九条館」、「応挙館」、「六窓庵」、「転合庵」、「春草庵」といった、複数の施設によって構成されている。

　「本館」は、1882年にジョサイア＝コンドルの設計により建設されたが、1923年に発生した関東大震災により損壊、その後、渡辺仁の設計によって「復興本館」として再び建設され、今に至る。その外観の特徴から、帝冠様式の代表的建造物と評される。2001年には重要文化財に指定された。「本館」2階では「日本美術のあけぼの―縄文・弥生・古墳」「仏教の興隆―飛鳥・奈良」、「仏教の美術―平安～室町」、「宮廷の美術―平安～室町」などで構成された「日本美術の流れ」と称する展示が行われている。1階には「彫刻」、「漆工」、「刀剣」などの分野別展示室や企画展示室が設けられている。

　「平成館」は、1999年に開館した施設で、1階には考古資料展示室と企画展示室、大講堂などが設けられている。2階は特別展示室となっている。

　「東洋館」は、「中国の仏像」、「オアシス」、「西アジア・エジプトの美術」、「中国文明のはじまり」など、アジアを中心とした広域的な展示が行われている。

　「法隆寺宝物館」は、東京国立博物館所管のすべての法隆寺献納宝物をまとめて保存・展示する施設で、1階には灌頂幡や金銅仏など、2階には木・漆工などの楽器、金工などが展示されている。

2　東京国立博物館の収蔵品とデジタル・アーカイブ

　東京国立博物館には、著名な資料が数多く収蔵されている。例として、銀象嵌銘大刀を含む「肥後江田船山古墳出土品」、「法隆寺献物帳（天平勝宝八歳七月八日）」、「絹本著色一遍上人絵伝　巻第七」（以上、国宝）、岸田劉生筆「麗子微笑」（重要文化財）などがあげられよう。

　上述した資料は、e―国宝（文化財高精細画像公開）という東京国立博物館のHP上のサイトで閲覧可能である。これは、独立行政法人国立文化財機構に属する4国立博物館が所蔵する国宝・重要文化財をデジタル・アーカイブ化したものである。このような先進的な試みを国立博物館が率先して行っていることにも注目すべきである。

（藤井陽輔）

I 博物館概論

2 博物館学史

　博物館学の体系を構成する要素には、博物館学史や欧米・日本博物館史がある。ここでは、わが国の博物館学の発展や理念の変遷を歴史的に考究することを目的とする博物館学史について、その評価が可能な黎明期から昭和期までを概観する。

1　博物館学の黎明期（幕末〜明治時代）
　わが国に博物館という施設の存在が紹介されたのが、万延元（1860）年日本修好通商条約の批准書交換のために渡米使節団に通事として同行した名村五八郎がパテント・オヒスを「博物館」と訳した時で、これが日本人が「博物館」の用語を使った最初である。
　福沢諭吉は 1866 年に刊行した『西洋事情』において、同書の中で博物館設立の意義・目的や効用に言及しており、この点に注目した場合、博物館学意識の黎明であるとできる。また、仏語の"Exposition"を「博覧会」と邦訳した旧幕臣の栗本鋤雲は 1875 年、博物館の目的や種類などに言及した『博物館論』を著した。
　その後、岡倉天心や坪井正五郎などが博物館学的な意識を表現したが、特に坪井正五郎は人類学から考古学を分離して確立した人物としての評価のみならず、用語こそ用いていないものの、博物館展示論を構築した人物として重要である。このほか、当該時期には前田不二三や神谷邦淑、箕作佳吉、白井弘太郎、黒坂勝美らが博物館学に言及する業績を残したが、展示工学論の観点から内田四郎の論文（『建築雑誌』206・207、1903 年）は重要である。

2　博物館学の発展期（大正時代）
　動物学者であった谷津直秀は 1912 年、「活気ある博物館を設立すべし」を著し、旧来の展示を厳しく批判して、明確な博物館学意識に基づく良き展示の必要性を力説し、動物学に軸足を置く博物館論は大きく前進した。團伊能は 1921 年に『欧米美術館施設調査報告』を著したが、緻密な構成であるものの、博物館学的な意識は希薄である。このほか、当該時期には三好学、川村多実二、浜田耕作などが活躍した。この間、ドイツ郷土保護思想に影響を受けて 1924 年、文部省内に社会教育課が設置され、次代に郷土博物館論として発展する基礎となった。

3　博物館学の変革期（昭和時代前期）
　この時期を代表する棚橋源太郎は当初、科学教育博物館に関心が高かったが、1932 年に『郷土博物館』を著した後、郷土博物館に関心を移し、郷土博物館に関する多数の著作を発表した。また、森金次郎は 1931 年に「郷土博物館の設立と経営」を発表し、欧米の郷土博物館を紹介するとともに、郷土博物館論を展開している。1940 年に藤山一雄は『新博物館態勢』を著し、博学連携をはじめ、

教育と研究を兼ね備えた社会に働きかける博物館活動を実践したが、この敗戦後の木場一夫の活動に引き継がれた。このほか、当該時期には後藤守一や大森啓助などが活躍した。この間、1942年には日本博物館協会から『郷土博物館建設に関する調査』が刊行され、郷土博物館の理念と具体的な蒐集品やその収集方法、事業内容、建築設備、維持管理などについて明示した。

4　博物館学の浸透と発展（昭和時代後期）

　アメリカ教育使節団の報告書に明記された「科学・歴史・美術の公立博物館を整備すること」という勧告が、敗戦後の博物館学の出発点となり、1947年の教育基本法、1949年に社会教育法、1951年には博物館法が制定された。1953年には棚橋源太郎が立教大学で大学におけるはじめての学芸員養成講座を開講した。その後、博物館学講座の開講大学が増加し、1957年には全国大学博物館学講座協議会が結成された。また、1960年には博物館学を専門領域とする日本博物館学会が結成されたが、実質的な博物館学の学会は1973年の全国博物館学会の結成を迎える必要があった。

　1956年、鶴田総一郎が『博物館入門』の本編を著し、博物館学の定義を明記したことをはじめ、理論構築をはじめとした博物館学に関する著作が増加した。その帰結点の一つとして、1978～1981年の間に『博物館学講座』全10巻が刊行されたが、日本のみならず世界でも初めての成果であった。この間、博物館学史や博物館史を追求した椎名仙卓や博物館学の体系を明示した加藤有次、新たな地域博物館論を展開した伊藤寿朗、今日でも評価される第三世代の博物館論を論じた竹内順一、博物館学の理論追究に傾倒した倉田公裕など、研究者を多数輩出した。

　また、1985年に全国大学博物館学講座協議会関西支部が大学における教科書として、『博物館学概説』を刊行した。教科書の登場は大学における資格取得ブームを背景に、博物館学講座を開講する大学数と学芸員資格取得者数の増加に貢献したが、必修科目数や内容の脆弱さと相まって、博物館学と現場の博物館・学芸員との乖離を生じる原因の一つになった。

　なお、本項は青木豊の「博物館学の歴史」（鷹野光行ほか編著『新編博物館概論』2011）の成果に負うところが大きい。
　　　　　　　　　　　　　　　　　　　　　　　　　　　　　　　　　　　　　　　（米田）

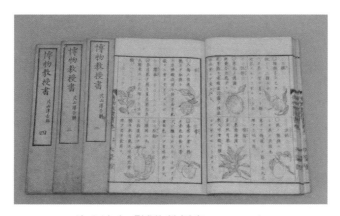

片山淳吉『博物教授書』　1876年

I　博物館概論

3　博物館の定義

　博物館とはどのような施設だろうか。期待される役割がどのようなものか、国際機関や海外各国のあり方、日本の国内法での定めをみて、その定義を確認する。

1　博物館とは、どのような施設か
　博物館とは、どのような施設だろうか。博物館という言葉から喚起されるイメージと、実際に私たちが見学で訪れる博物館のあり方は、どのような制度的、法的定義に依拠しているのだろうか。
　博物館という施設は、明治期に日本に導入されたものであるが、第2次大戦後には、博物館法が施行され、さらに日本国内の社会的状況と、国際機関との連携によって、現在の博物館が整備されてきた。

2　ユネスコによる定義
　ユネスコ（国際連合教育科学文化機関）は、国際連合の下で教育、科学、文化の発展と推進を目的として、1946年11月に設立された専門機関である。1960年の第11回総会（パリ）で、「博物館をあらゆる人に開放する最も有効な方法に関する勧告」を採択した。ここでは、博物館は、資料の収集、維持、研究、展示することを目的とする恒久施設であるとし、その対象を「公衆の娯楽と教育」のためとした【資料1】。

3　イコムによる定義
　イコム（International Council of Museums: 国際博物館会議）とは、ユネスコにより1946年11月に設立された国際非政府機関である。2010年までに22回の大会が開催され、国際的に共有されるべき博物館の定義について更新を続け、1974年の定義では、博物館が寄与すべき対象が、「公衆の娯楽と教育」から「社会とその発展」に広げられている【資料2】。

4　海外での定義
　各国の博物館は、その国の歴史的背景を負って、それぞれ国内法や定義、規範を定めている。歴史的、文化的継承遺産の少ないアメリカでは、幅広く非営利で行う公衆へのサービスを重視して、動植物園や自然公園ビジターセンター、科学館、公文書館を含め、多様な変化を許容している。フランスでは、継承する膨大な文化遺産の保全と研究を重視し、安定した博物館を定義する。

5　日本の定義
　博物館法（1951年）第2条で博物館の定義「資料を収集し、保管し、展示して教育的配慮の下

に一般公衆の利用に供し、その教養、調査研究、レクリエーション等に資するために必要な事業を行い、あわせてこれらの資料に関する調査研究をすることを目的」【資料3】を定め、現在まで大きく変更されていない。水族館や動物園、植物園等の自然系観覧施設も博物館に含めるが、自然公園や公文書館は含まない。

日本の博物館は、60年前の定義の下にあるが、ユネスコやイコム、海外の博物館の定義が改訂を続けるように、日本社会自身の時代的要請を受けた変革が求められるようになってきている。

(山口)

【資料1】
ユネスコの博物館定義：1960年 第11回ユネスコ総会採択「博物館をあらゆる人に解放する最も有効な方法に関する勧告」部分

　本勧告の趣旨にかんがみ「博物館」とは、各種方法により、文化価値を有する一群の物品ならびに標本を維持・研究かつ拡充することを特にこれらを大衆の娯楽と教育のために展示することを目的とし、全般的利益のために管理される恒久施設、即ち、美術的、歴史的、科学的及び工芸的収集、植物園、動物園ならびに水族館を意味するものとする。

ユネスコHP：http://www.unesco.org/new/en/

【資料2】
イコムによる博物館定義：2007年第21回イコム総会採択の定款　部分

　博物館とは、教育、学習と娯楽を目的として、収集、保存、研究、情報伝達、人類とその環境に関する有形無形の文化財を展示し、社会とその発展のため、公に開かれた、非営利の恒久施設である。

イコムHP: http://icom.museum/
イコム日本委員会HP：http://www.museum.or.jp/icom-japan/hp/index.html

【資料3】
博物館法（昭和二十六年十二月一日法律第二百八十五号）　部分
最終改正：平成二三年一二月一四日法律第一二二号

（定義）
第二条
　この法律において「博物館」とは、歴史、芸術、民俗、産業、自然科学等に関する資料を収集し、保管（育成を含む。以下同じ。）し、展示して教育的配慮の下に一般公衆の利用に供し、その教養、調査研究、レクリエーション等に資するために必要な事業を行い、あわせてこれらの資料に関する調査研究をすることを目的とする機関のうち、地方公共団体、一般社団法人若しくは一般財団法人、宗教法人又は政令で定めるその他の法人が設置するもので次章の規定による登録を受けたものをいう。

Ⅰ 博物館概論

4 種類

　博物館には、どのような種類があるのだろうか。さまざまに分類される博物館の種類をみて、その目的と機能を探っていく。

1 展示資料分野にみる博物館の種類
　博物館は、博物館法第2条で「歴史、芸術、民俗、産業、自然科学等に関する資料」と明示し、その範囲での博物館の展示と資料収集分野を定めた。博物館は、この資料により一般的な分類をすることができる。
　1973年には、「総合博物館」「人文系博物館」「自然系博物館」という分類が明示されている（「公立博物館の設置及び運営に関する基準」）。2007年に実施された文部科学省の社会教育調査では、総合博物館、歴史博物館、科学博物館、美術博物館、野外博物館、動物園、植物園、動植物園、水族館に博物館を分類して統計がおこなわれている。財団法人日本博物館協会がおこなう統計では、総合、郷土、美術、歴史、自然史、理工、動物園、水族館、植物園に分類する。統計から読み取れる館数としては、総合博物館、郷土や歴史を含む人文系博物館、美術館が多い。植物園・動物園は、施設規模が大きくなるので、館園数は少ない。
　ただ、各博物館の展示資料分野の実態は、歴史と自然史から郷土全体を広く扱ったり、史跡上の野外博物館であったりして、実際の博物館活動の実態と分類の間には乖離があることに注意する必要がある。

2 設立母体で分かれる博物館の種類
　博物館には、国立、公立、私立の、大きく3種類の設立母体がある。
　国立の博物館は、東京国立博物館や国立科学博物館、大学院施設でもある国立民族学博物館などの文部科学省や文化省が設置したもので、2000年から独立行政法人が運営している。注意されるのは、国立博物館は博物館法に拘束されない運営が可能となっている点である。
　公立の博物館には、都道府県立や市町村立、複数自治体の公立、組合立、基金が拠出された外郭団体立がある。地方公共団体の設置する博物館は、「公立博物館の設置及び運営に関する基準」に準拠して運営される。指定管理者によって運営される一種の「公設民営」博物館も含まれるが、安定した運営が可能かどうかに不安があり、公共団体が運営するという公的な性格が薄まる場合がある。
　私立の博物館は、個人蒐集家が自ら設立した個人博物館、篤志家の資金を母体とした博物館、営利企業が設立する会社立博物館、学校法人や宗教法人などの法人立博物館、基金運用を行って設立される財団法人立博物館がある。博物館としての社会的な役割を果たす上で、私立の博物館は、財

政的に脆弱な場合が多い。また、会社や学校の一部署として運営される場合などには、財政的にも意志決定でも、博物館独立の運営に困難があることがある。

3　公開対象者別、対象地域別博物館の分類

　博物館の中には、公開対象者や対象地域を意図的に想定して設置、運営されるものがある。

　公開対象者を年齢や世代で限定する博物館として、たとえば、学校博物館、教育博物館、科学館の一部、児童博物館があげられる。児童、低学年児童向けには、交通科学館や動植物園など理工系の館園が多い。大学博物館は、まず大学の教育と研究活動に資するために設置されることが多い。これらは、必ずしも他の来館者を排除するものではないが、主対象に対する有効な効果を意図しているのである。

　対象地域を限定した博物館としては、まず地方公共団体の設立した公立博物館や植物園、史跡や遺跡博物館、野外博物館などがあげられる。都道府県、市町村立館園では、その自治体に住民を有するということから対象地域が自ずと限定されることになりがちである。

4　展示物公開方法による博物館の分類

　博物館には、館内展示を主体とする場合、野外展示に比重をかける場合、現地に保存された自然や史跡などを主体とする場合がある。自然植物園や史跡公園博物館などが現地保存重点型に分類されよう。展示公開しようとする資料そのものの属性と深く関わって決定される。

5　重点機能別博物館の分類

　博物館の中には、収集と保存、調査と研究、展示と教育の活動があるが、この中の特定機能を重視して設置、運営される博物館もある。

　社寺の宝物館や個人博物館、文学館、郷土賢人顕彰館などは、由来の収蔵品の安全な保管のために設置されて公開は二義的な機能とする館が多い。これを保存機能重点型とする。国立民族学博物館は、大学院を有する研究機能型といえる。児童科学館は、教育機能重点型の典型である。

6　博物館法による分類

　博物館には、博物館法の中で設置、運営されているかどうかという点で区別がある。博物館法第2条で、法律上の博物館は登録を受けた館に限定することを規定しており、これを「登録博物館」とする。博物館の設置は地方教育委員会の所管事項であるので、そこから漏れるものを、博物館に類似する施設として指定し、「博物館相当施設」としている。博物館法に登録や指定を必要とする強制力はなく、また特に運営上の補助や研究上の優遇もないので、設置や運営の縛りを嫌って申請せず、多数の館園が「博物館類似施設」として取り扱われているのが現状である。私的なコレクションを展示する個人博物館も博物館類似施設が多い。

I 博物館概論

7 登録文化財公開、収蔵による分類

　国宝や重要文化財など登録文化財を収蔵、展示しようとする博物館施設は、その安全な公開と収蔵のため、文化財保護法の基準を満たしている必要があり、登録文化財を収蔵、展示できる博物館と許可されない博物館の2種がある。この認証は、文化庁美術学芸課の指導の下に、東京文化財研究所の調査を経て、受けることになっている。文化財保護法施行以前から収蔵、展示している博物館の場合は、環境が悪化しない限り、現状での保存と展示を認められている。　　　　　　（山口）

表1　設置者別登録博物館及び博物館相当施設別博物館数（2017年度文部科学省社会教育調査）

	計	総合	科学	歴史	美術	野外	動物園	植物園	動植物園	水族館
計	1,256	152	106	451	441	16	35	10	7	38
国	−	−	−	−	−	−	−	−	−	−
独立行政法人	28	6	7	6	6	1	−	1	−	1
都道府県	161	21	16	50	57	3	7	1	−	6
市（区）	522	81	46	208	142	5	21	4	4	11
町	74	13	7	29	24	−	−	−	−	−
村	6	1	1	2	2	−	−	−	−	−
組合	2	−	−	1	1	−	−	−	−	−
地方独立行政法人	−	−	−	−	−	−	−	−	−	−
一般社団法人・一般財団法人 公益社団法人・公益財団法人	309	19	18	89	174	5	−	−	−	4
その他	154	11	11	66	35	1	7	4	3	16

表2　登録博物館（2017年度文部科学省社会教育調査）

	計	総合	科学	歴史	美術	野外	動物園	植物園	動植物園	水族館
計	895	130	70	323	352	10	−	2	−	8
国	−	−	−	−	−	−	−	−	−	−
独立行政法人	−	−	−	−	−	−	−	−	−	−
都道府県	120	20	10	42	47	1	−	−	−	−
市（区）	399	74	36	169	110	4	−	1	−	5
町	62	13	6	23	19	1	−	−	−	−
村	4	1	1	1	1	−	−	−	−	−
組合	1	−	−	1	−	−	−	−	−	−
地方独立行政法人	−	−	−	−	−	−	−	−	−	−
一般社団法人・一般財団法人 公益社団法人・公益財団法人	277	16	16	72	166	4	−	−	−	3
その他	32	6	−	15	9	−	−	1	−	−

表3　博物館相当施設（2017年度文部科学省社会教育調査）

	計	総合	科学	歴史	美術	野外	動物園	植物園	動植物園	水族館
計	361	22	36	128	89	6	35	8	7	30
国	−	−	−	−	−	−	−	−	−	−
独立行政法人	28	6	7	6	6	1	−	1	−	1
都道府県	41	1	6	8	10	2	7	1	−	6
市（区）	123	7	10	39	32	1	21	3	4	6
町	12	−	1	6	5	−	−	−	−	−
村	2	−	−	1	1	−	−	−	−	−
組合	1	−	−	−	−	−	−	−	−	−
地方独立行政法人	−	−	−	−	−	−	−	−	−	−
一般社団法人・一般財団法人 公益社団法人・公益財団法人	32	3	2	17	8	1	−	−	−	1
その他	122	5	10	51	26	1	7	3	3	16

表4　設置者別博物館類似施設数（2017年度文部科学省社会教育調査）

	計	総合	科学	歴史	美術	野外	動物園	植物園	動植物園	水族館
計	4,434	298	343	2,851	623	93	59	107	14	46
国	125	12	17	90	1	3	—	2	—	—
独立行政法人	43	20	8	8	2	1	—	3	—	1
都道府県	240	24	60	79	20	13	7	26	2	9
市（区）	2,352	142	149	1,653	246	52	41	44	7	18
町	800	48	47	605	72	6	—	11	3	8
村	136	9	3	105	14	4	—	1	—	—
組合	—	—	—	—	—	—	—	—	—	—
地方独立行政法人	—	—	—	—	—	—	—	—	—	—
一般社団法人・一般財団法人 公益社団法人・公益財団法人	145	14	10	63	51	4	—	3	—	—
その他	593	29	49	248	217	10	11	17	2	10

【資料】

　文部科学省が2017年に公開社会教育調査の結果では、登録博物館および博物館相当施設の合計が1,256施設なのに対し、この調査で把握された博物館類似施設は4,434施設もあり、類似施設の実数は、さらに上回ると推測されている。両者を合わせると、おそらく6,000近い施設の「博物館」「館園」が存在していることになる。

　類似施設の多さに目をやると、5,690施設のうちの3/4の「博物館」が指定や登録を受けていないことがわかる。日本に隆盛する博物館文化は、実は博物館法外で運営される存在により膨らんでいることは理解しておかないといけない。

　注目されるのは、市町村の運営する館園での登録比率が極端に低いことである。これは、市町村の施設が劣るから登録できないわけではない。博物館登録により受けられる優遇措置が不十分なこと、博物館法と施行規則に則って運営すると、行政内での弾力的な運営が損なわれることを忌避したためであると推測される。企業博物館では、営利色が強い場合は、自粛される傾向がある。

　最近ようやく、設置者を限定して博物館と博物館相当施設を区別することを見直し、また博物館法外で運営される博物館類似施設についても、広く博物館法の登録と支援の網を及ぼそうと議論されるようになってきた。日本全国に散らばる博物館、館園が、生涯教育の場として、また文化財保存のための最前線の機関として機能するため、一体となった環境の整備が望まれる。

Ⅰ 博物館概論

5 目的

　さまざまな博物館園は、設置の際にそれぞれ博物館独自の目的を定めている。館是や約款、寄付行為と称される設置目的で、多くは博物館の設置趣意書や博物館条例、規則に明示されている。

1 博物館設置の目的

　博物館は、さまざまな分野、登録方法で多くの種類に分けられるが、設置時に、目標や達成すべき課題が構想され、それにふさわしい対象分野や機能、施設の規模や職員体制が選択されて決まるものである。それぞれの館園を設置する時に、設置者によって館是、約款、寄付行為、条例などで目的、目標を定めており、これがあってこそ博物館は具体的に運営することができる。さまざまな博物館園を見るとき、その設置時の意図と目的、その変遷にも注視したい。

　「総合博物館」という博物館種類のくくり方は、その博物館と文部科学省が複数分野にまたがる博物館であると認定したということであり、総合的に博物館を運営して、このような目的を達成したいということとは、少し異なっている。都道府県や政令都市によく設置されているが、結果として「設置地方自治体に対応する広域地域を人文系から自然系まで幅広く扱う博物館」として機能している。博物館の設置の趣旨は、「博物館の三つの基本機能から、設置自治体の地域住民に奉仕、貢献すること」といった網羅的なものである場合が多い。市町村の設置する「郷土資料館」なども、各自治体に一つずつという横並びで、ひな形を同じくしているといえよう。

　一方、はっきりした目的、設置の意図をもつ館もある。滋賀県立琵琶湖博物館は、国内最大の湖である琵琶湖周辺の地理・生態・歴史文化を展示する総合博物館である。琵琶湖について、どのように人間社会が接してきたか、これからどのように保全していくかについて取り組む施設として、設置準備段階から構想されたという。博物館設置の目的が、社会や対象者にしっかり向き合うとき、その博物館に大きな力を与える例であろう。

2 博物館の目的設定の明示化と運営方法の刷新

　動物園や植物園、登録文化財を持った美術館、特定のコレクションを展示する個人博物館などにおいては、「これを展示する」「この種の保存に取り組む」といった、館固有の目的と館独自の特徴が伝わりやすい利点があるが、地域社会やコミュニティ、幅広い利用者のニーズと乖離を生じやすい。

　利用者側のニーズの把握による目的達成のための運営方法の刷新と、館園の設置趣旨や目的の明示化と周知も求められるところである。

（山口）

Column

大阪歴史博物館

　大阪歴史博物館は、大阪城公園本丸内にあった旧大阪市立博物館の新館として2001年11月3日にオープンした。旧大阪市立博物館は1960年に開館し、40年にわたり「大阪の歴史・文化」を展示などで紹介するとともに、調査研究活動を続けてきた。そして、その蓄積に難波宮跡等の発掘調査成果を加えて、考古学のセンター機能を合わせ持つ施設として建設された。

　その立地する所には、北側に国の特別史跡大坂城跡、南側に同じく史跡難波宮跡がある。建設をおこなう前に実施した発掘調査により、飛鳥時代(7世紀)難波宮跡の建物遺構の存在が明らかにされており、NHK大阪放送会館とともに、発見された遺構を建物内で保存・公開している。周辺には前述の国史跡の他に、太閤下水・大坂城三の丸跡・東町奉行所跡や舎密局跡など数多くの史跡があり、その歴史的環境を生かし、「都市大阪の歩み」に焦点をあて、大阪の歴史と文化を紹介する展示をおこなっている。

　また、常設展示の始まりである10階難波宮の時代フロアーは、地上から約57mの高さにある。その高さからの眺望を生かし、南に広がる史跡難波宮跡を展示映像プログラムに取り込み公開している。9階への降り口になる大阪城展望コーナーでは、特別史跡大坂城跡を一望の下に見渡すことができ、まさに歴史的環境を視覚的に取り込んだ展示となっている。　　　　　　　　　　　（文珠）

特別史跡　大坂城跡の眺望

史跡　難波宮跡全景

I　博物館概論

6・7　機能

　博物館には、資料の収集と保存、資料の調査と研究、博物館での展示と教育の基本的機能がある。これらは、他機関とどこが違うのか、どのように構造化しているのか考えてみよう。

1　博物館の基本的機能
　いずれの博物館にも、必ず三つの機能が備わっている。
　第1の機能　資料を収集し、博物館に安全に保存する機能。収蔵庫
　第2の機能　収集した資料について、調査と研究を進める機能。学芸員と研究室
　第3の機能　来館者を対象とする展示と教育の機能。展示室と講義室・研修室
の3機能と施設が必要なのである。また、これを支えるサポート部門や管理空間もないといけない。
　博物館法にも、博物館の必須の要件として、この3機能があげられているとおり、この一つでも欠けてしまうと、博物館とは呼べない存在となってしまう。

2　専門的機関の機能
　博物館のそれぞれの機能は、他の研究機関、教育機関などで実現されている。資料の保存については、銀行や運送業界で文化財・美術品収蔵施設や倉庫があり、独立行政法人国立文化財機構 東京文化財研究所や奈良文化財研究所などでは保存技術の開発がなされている。大学では、博物館で収蔵展示するのと同じ資料を、研究するとともに教育利用し、さらに資料の収集もする。研究環境は博物館よりも優れており、研究成果の公表についての環境も整っている。展示については、美術画廊やギャラリー、巡回展示のためにある集合ビル内の会場空間などが特化して行っている。最近では、運送業者と企画会社がジョイントして、独自に展示企画を立ち上げて展示業務すべてを巡回展として組織することもある。展示関係の設営企画を行う企業も、学芸スタッフを有している。
　それぞれの機関の行う機能は、個別にみれば、博物館の3機能と同様または優れた面がみつかる。

3　機能の集合体としての博物館
　それでは、博物館という存在の意義はどこにあるだろうか。博物館は、諸々の制約の中で実現された、三つの機能が三位一体となった集合体として、それぞれの機能が欠けることなく、バランス良く配されて、はじめて有意義な機能を果たせる施設であるということだろう。
　その博物館にふさわしい分野の適切な資料を収集して安全に保存、専門研究の可能な博物館員がその資料を評価と研究を行い、来館者にわかりやすい解説を付して展示し、社会に対して教育的な成果を還元する、その結果、新しい資料の発見に繋がる、というサイクルを循環させるには、博物館員がそれぞれの機能で適切な判断を行い、その活動の中心となることが求められる。

4　資料の収集と保存の機能
　博物館には、博物館の設立目的に従って意図的に自ら収集した資料や、趣旨に賛同した篤志家から寄贈や寄託で集まってくる資料がある。受け入れに際しては、博物館の収蔵庫で、学芸職博物館員が責任をもって管理し、安全に保存することが求められる。博物館に資料が集まることは、保存の場所として、その博物館と博物館員が、地域や分野で信頼されているという証である。

5　調査と研究の機能
　博物館資料は、博物館内で安全に観察できる学芸職博物館員によって、調査と研究がおこなわれる。資料提供者は、信頼する館員に資料を検討してもらいたいと期待しているだろう。成果は、速やかに公表する責任がある。一定の資料を調査、研究を継続しておこなうことにより、成果が博物館内に蓄積され、また館員の知識、能力も向上していく。分野に精通した学芸職館員は、まさに博物館のハブといえよう。

6　教育と展示の機能
　博物館に集まった資料と、調査研究成果、学芸職館員の蓄積された知識、能力を組み合わせ、博物館の行事として展示が立案される。ここでは、博物館が設立されるに至った時の趣旨が表象され、博物館活動の成果として、社会に還元される。空間として博物館で自発的な啓発を行えるよう展示が構築され、また来館者に対する積極的な教育的プログラムが用意される。
　第3の機能については、啓発的なプログラムを深く組み込んで準備を進めることは、博物館員が個別分野の専門家である場合、蓄積がないと困難であり、教育分野の館員が連携して学芸の支援を行う場合もありうる。
　適切な展示物に、教育的で、来館者にふさわしい解説を付した展示が実現でき、そこに博物館の設立趣旨を啓発できる仕組みを埋め込めるならば、対象とした分野、地域や来館者から博物館と博物館員が評価、信頼されることに繋がるであろう。博物館のアウトプットは、次のインプットの引き金であることを自覚しよう。

7　博物館が存在することによる社会的機能
　博物館は、三つの機能が最適に配されたとき、資料と展示を介して、社会に知的な快感、楽しみや心地よさを提供することのできる唯一の施設である。博物館により啓発され、個人や公衆、社会にまで好ましい影響を与えうるという自覚をもって、博物館員が取り組むならば、博物館は、その設立趣旨に理解を持った来館者個人、公衆、社会から支持され、より好ましい正のサイクルを踏んでいくことができるであろう。

（山口）

Column

海外の博物館1―英国の大学博物館―

　英国には約300の大学博物館がある。そのうちの100館は恒常的に一般公開されている。残りの館の大半は大学関係者の研究や学生の授業のためのコレクションの所蔵が主であり、常時公開はされていない。大学博物館が全博物館に占める割合は2％、イングランド地方に限っても4％にすぎない。しかしながら、文化・メディア・スポーツ省（Department of Culture, Media and Sport）により、国家レベルで重要なものとして指定されているコレクションの30％は大学博物館が収蔵管理している（1）。1987年、大学博物館グループ（University Museum Group、以下UMG）が発足し、イングランド地方とウェールズ地方の大学博物館が構成員となり（2）、大学博物館の質的向上や高等教育における活用を促進するための情報交換や協力、研究支援を行っている。UMGは大学博物館には公的な補助金がほとんど投入されておらず、その重要性に対しての認識が薄いことを憂えるが、現状の経営や公開の状況をみれば、他の国を代表するような大規模な公的博物館とは性質も役割も異にすることからも、一定程度は仕方のないことなのかもしれない。

　主だった大学博物館は大学で教えられる科目とも密接に関連し、場所も近接する利点を活かし、授業との連携が行われる。そもそもコレクションは研究資料を身近にストックするところからスタートしたものである。博物館スタッフが講義を担当したり、展示室で授業が行われたりすることもある。博物館学や考古学、エジプト学ほか、展示品の関連諸分野を専攻する学生はボランティアやアシスタントというかたちで博物館の運営に参加し、実務経験を身につけることも多くある。

○ケンブリッジ大学の例

　ケンブリッジ大学は、主なものを数え上げるだけでも10館を超える博物館を有する。規模も分野も様々である。もっとも大きな規模で多岐にわたるコレクションを展開するフィッツウィリアム博物館を代表に、それぞれの専門分野の博物館があり、各々の学部・学科やコレッジ（学寮）が所有する。例えば考古人類学博物館などは、学部・学科の建物の中や敷地の中にあり、専門分野の学生に学習教材を提供すると同時に住民や観光客にも開放される。トリニティ・コレッジのレーン・ライブラリーは、1695年に、セント・ポール寺院の設計者であるクリストファー・レーンの設計により創られた図書館であり、その内装や本棚、机・椅子などは展示でもある。小さな規模のものでは、物理学部の建物にあるキャヴェンディッシュ博物館にはノーベル賞をとった研究者を含む歴代有名人の発見や研究に関わる実験装置や物が展示されている。ただ、フィッツウィリアム博物館以外については、あくまで大学関係者の研究活動が優先され、小さな館ほど開館日時が限られていることが多く、閲覧に予約が必要な施設もある。

○ロンドン大学の例

　ロンドン大学もたくさんの博物館をもつが、中でもペトリー・エジプト考古博物館は典型的な大

学博物館と言える。コレクションの中心は、ユニバーシティ・コレッジの考古学研究所で教鞭を執っていたエジプト考古学者、フリンダース・ペトリーが発掘調査を経てロンドンへ持ち帰った遺物である。一義的にはこの大学でエジプト学を学ぶ学生のための施設であるが、週に5日、午後は一般にも開放されている。展示室内にはところ狭しと並んだ棚の中に遺物が詰め込まれ、大きなものは廊下や階段にも置かれている。その様子は、まさにスタディ・コレクションである。遺物の保護のためもあってか、電気があまり明るくないうえに、棚の奥の方まで遺物が詰まっているため、貸し出し用の懐中電灯が常備されている。近年の公営博物館に求められることの多い、見やすくわかりやすい展示とはほど遠いかもしれないが、これはこれで味があり、良さもある。最近は展示品のラベルに発見者（現地の作業員）の名前も並記されるようになった。

○博物館の博物館

　大学の中での研究と教育のために、またその成果を集約することで成立してきた大学博物館は、そのコレクションや展示のスタイルが研究、学史と直結することが多く、各大学による特色がありユニークな展示が可能となる。あくまで、大学関係者が一義的な利用者であるため、一般的に広く受けいれられる展示をすることが必ずしも求められているわけではない。

　また、英国の大学の歴史は数百年遡ることもまれではなく、英国最古の博物館とされるアシュモリアン博物館はオックスフォード大学の中にある大学博物館である。近年、オープンやリニューアルする博物館に「わかりやすい展示」が増える傾向がある中、「博物館」という施設が成立しつつあった時代の展示の匂いを残す。オックスフォード大学のピット・リバース博物館、ケンブリッジ大学のセジウィック博物館やロンドン大学のペトリー・エジプト考古博物館などは、その代表例であろう。一部リニューアルを実施する館もあるが、展示品だけでなく棚やラベルも含め、底に並べられている状態までも文化財指定されていたり、自館の博物館学史的な重要性をふまえ、あえて展示替えをしたりしない館もある。博物館展示の博物館ともいえるこれらの博物館には、いつまでもそのままの姿を留めていてもらいたい。　　（中西）

ペトリー・エジプト考古博物館
廊下にも展示品があふれる

（1）UMGホームページより（http://www.umg.org.uk/about/）2012年11月時点
（2）スコットランドには、別途同様の団体が存在する。

I　博物館概論

8　わが国及び諸外国の博物館の歴史（1）

　世界最初の博物館は、いつ、どこに、出現したのであろうか。ここでは、膨大かつ多岐に及ぶ博物館の発達・展開について、欧米を中心とした世界と日本の博物館史を概観する。あわせて、動植物園と水族館の歴史をまとめて概観する。

1　博物館の起源
　博物館の起源については、紀元前5世紀、古典期アテネのパルテノン神殿にあった「ピナコテーク」や、アゴラ（広場）に建造された「ストアポイキレ」であるとする説、ヘレニズム時代の王都アレクサンドリアにあった「ムーセイオン」であるとする説など諸説がある。また、単に器物を集めるという行為からみると、中国古代王朝の霊廟やバビロニア諸王の宝庫などでも、天や神に捧げる各種の器物が収集された。

2　世界の博物館の発達
A　古代
　紀元前5世紀、ギリシアではサラミス海戦で捕獲したフェニキア軍船を神殿に奉納・陳列したり、託宣で名高いデルポイの神に奉納された器物を納めた宝庫を拝観させたりした。また、ヘレニズム時代にはアッタロス1世が王国の首都ペルガモンのアクロポリスに納める絵画や彫刻を収集した。
　ローマ時代になると、将軍たちは各戦域から持ち帰った戦利品や献上品を邸宅の中に陳列した。また、富豪たちのなかでは絵画館を建立したり邸宅を彫像で飾り立てたりすることが流行し、これらは個人博物館の先駆けとなった。しかし、ローマ帝国の弱体化や、異端の偶像・美術を認めないキリスト教の浸透により、このような動きは沈滞化した。

B　中世
　当初は偶像崇拝を禁止していたキリスト教が支配の道具となり世俗化するにつれて、教会自体に華美な装飾が施され、あわせて視覚的に教化するため器物の収集が行われた。また、聖地奪回を旗印に掲げて遠征した十字軍も、その後期には聖遺物収集を主目的とするものまで登場した。中世の社会では富を物量ではかる風潮が生じ、王侯・貴族は貴金属の器具や象牙細工、宝石類などの収集に熱中した。
　13世紀末葉を迎えた頃、神中心の中世から人間中心の近代文化への転換の端緒となるルネサンスがイタリアにおこり、やがて全ヨーロッパに及んだ。その中心地フィレンツェではレオナルド・ダ・ヴィンチやミケランジェロなどが活躍したが、彼らの庇護者メディチ家も代々熱心な美術品収集家であった。ルネサンスによって涵養（かんよう）された合理主義や人文主義は、次第に自然や社会法則の認

識につながった。さらに、宗教改革でめざめた個人主義や、あいつぐ地理上の発見による世界観の拡大なども、改革・変化の流れをはやめた。

C　17・18世紀

　17世紀のヨーロッパ各国は植民活動と富国強兵を競ったが、その副産物として科学技術が発達した。例えば、アシュモールがオックスフォード大学に寄贈したコレクションを基礎にして、1683年に世界最古の科学博物館アシュモレアン博物館が設立され、大学博物館の草分けとなった。また、ハンス・スローン卿が5万点余りの雑多な収集品を提供し、1759年に世界初の国立博物館がモンタギュー・ハウスで開館した。スローンの収集品は大英博物館誕生の契機となった三大コレクションの一つであるが、これらには古文書や古写本などの図書資料が多く含まれていたことから、博物館と図書館の共存が大英博物館の特徴になった。

　また、この時期は国王の豪壮な宮殿が文化の中心であったが、歴代の王侯が収集してきた王室コレクションを公開し、博物館に発展する場合もあった。例えば、フランス革命後の国民公会はルイ王室収集品と国有化された美術品をルーブルに収蔵し、1793年に共和国立美術館として広く市民に公開した。同時に、ジャンダン・デ・プランテ(植物園)も公開されたが、このような流れはロンドン・キュー植物園やベルリン植物園などの公開につながった。

D　19世紀

　19世紀前半、西欧諸国の植民地の文化財に対する認識は、戦争や軍事力を背景として、なかば略奪的な収集が当然の風潮であった。古物愛好家や考古学者による古代遺跡の調査や遺物の収集も、宝探し的かつ強引に行われた。例えば、エルギン・マーブルとして著名な大英博物館のギリシア彫刻は、1802年にエルギン卿トマス・ブルースが調査という目的でパルテノン神殿から取り外した。しかし、19世紀後半にはこのような傾向は次第に影を潜め、学術的な調査と遺物の現地保存をはかった初代インド考古局長官アレキサンダー・カニンガムや、エジプト博物館の前身を創設したマリエットなどが現れた。

　このように、19世紀後半から20世紀前半にかけて、ヨーロッパからアメリカへ、アメリカからそれ以外の地域へと、博物館創設のうねりが波及した。これは近代公教育制度の整備や確立とならんで、博物館が実物教育の場や啓蒙教育機関として組織的に整備が促進されたことによる。ただし、人々が公教育機関として活用するには、博物館は高尚な施設であった。例えば、博物館の展示は誰もが理解できる平易なものである必要性はなく、その種の努力は展示の学術的水準を低下させる行為であるという発言をする博物館人さえ存在した。

　しかし、1880年代以降、進化論を取り入れた展示改革を行った大英博物館のウィリアム・フラワー、題箋や解説パネルの重要性を説いて生態的展示やジオラマを取り入れたスミソニアン博物館のジョージ・ブラウン・グード、民族文化や郷土文化への強い関心からスウェーデンのスカンセン

I　博物館概論

で最初の野外博物館を創設したアーサー・ハゼリウスなどにより、従来とは異なる博物館教育の方法的開拓が進められた。これらにより、博物館人の意識改革や公教育機関としての機能面が充実されるようになり、博物館の活用が進んだ。

　現在、全世界で数万ともいわれる博物館は、この時期から急激に増加したが、各々の博物館の設立や内容には地域がかかえる文化的背景や国民性を色濃く反映している。例えば、イギリスでは地域の学術団体や地方政府により、博物館が積極的に設立された。フランス・イタリアなどでは、博物館は国王や諸侯、教会が何代もかけて収集した、国民的資産として誇りうる伝統的なコレクションを保存・公開する施設として、制度的に創設・整備された。

　一方、アメリカでは旧大陸諸国とは設立の経緯を異にして博物館が発達した。まず、東海岸の都市住民の間から自分たちの博物館を設立したいという運動がおこり、1869年に自然史博物館、翌年にメトロポリタン博物館などが開館された。これらの博物館は有産階級のみならず、地域社会構成員の寄贈と募金により創設されたが、地域社会の教育機関として共同で育んできたという自負と伝統を生んだ。このような背景から、アメリカの博物館は連邦政府や州政府から補助金を受けるものの、財団による設立・運営が一般的であり、博物館教育では常に先進的な活動を展開しているという特徴がある。また、ハーバード大学のピーボディー考古・民族学博物館をはじめとして、大学附属の博物館も積極的に設立された。

E　20世紀

　1914年に第1次世界大戦が勃発し、博物館は戦乱による物理的な影響のみならず、その方向性にも少なからず影響を受けた。例えば、大戦中に起こったロシア革命により誕生したソビエト連邦では、革命博物館・社会史博物館などのイデオロギーを主体とした博物館や、農工博物館・科学博物館などの労働者を対象とした実用教育を主体とした博物館の創設が相次いだ。同様に、ファシスト党政権下のイタリアでは1926年にローマ帝国博物館、1936年にムッソリーニ博物館が建設され、ナチス政権下のドイツでは各地には郷土博物館が開館されるなど、全体主義国家が国民の啓発と思想教育を目的とした博物館を創設した。

　このような逼迫した時代のなかで、フランスでユーグ・ド・ヴァランやジョルジュ・アンリ・リヴィエールなどが、新しい構想による博物館（エコミュージアム）の概念を提唱した。その概念とは、エコミュージアムが地域の文化・自然を保護し、住民や地域について理論的・実践的に調査研究し、地域が内包する将来的な問題を理解するよう住民に奨励するような、保存・研究・学校という三つの場（機能）を保有するというものである。実際の設立は第2次世界大戦後になったが、1967年のマルケーズ以降、フランスでは約50館が設立された。

　また、20世紀を迎えて博物館の社会教育機能面が重視されるようになり、西欧各国は国内の博物館事業の促進・調整をはかる必要上、協会組織を設立するようになった。例えば、1889年にイギリス博物館協会、1917年にドイツ博物館連盟、1926年にフランス博物館協会などが設立され

たが、第1次世界大戦後には国際的な組織へと発展した。1926年に国際連盟の専門機関である知的協力委員会に博物館国際事務局(International Office of Museum)が設置されたが、第二次世界大戦前夜の緊迫した国際情勢から、10年でその機能を停止した。

　第2次大戦終結後、1946年に国際連合の国際教育文化科学機関（ＵＮＥＳＣＯ）事業の一部として、国際博物館会議(International Council of Museum=ＩＣＯＭ)が設立された。この国際博物館会議は博物館と博物館専門職を代表する国際・非政府機構で、日本は1952年に加盟した。1948年、アムステルダムで第1回の国際会議が開催され、現在は3年に1度ずつ開催される最高議決機関の総会では、博物館固有の諸問題に関する理論・実践両面からの討議検討が重ねられている。
　　　　　　　　　　　　　　　　　　　　　　　　　　　　　　　　　　　　　　（米田）

大英博物館の外観

大英博物館の内部

英国自然史博物館の外観

英国自然史博物館の内部

Column

海外の博物館2―ドイツ博物館―

　ドイツ博物館の提唱者はオスカー・フォン・ミラーである。彼がこの博物館の建設をスタートさせた1906年、ドイツは科学技術の面でそれまで遅れをとっていたイギリスやフランスに追いつき、さらには追い越したところであった。フォン・ミラーは、満々たる自信に満ち、「科学と技術を万人のものに」と宣言して時代を先んじたと言われている。ただ、博物館の建設は第1次世界大戦のために遅れ、1925年に開館した。ネオ・バロック様式の建物（ガブリエル・フォン・ザイドル設計）は、今もなお重厚な雰囲気を漂わせている。

　ドイツ博物館の特徴は、その規模の巨大さ（本館だけで約5万㎡）、収蔵品の豊富さ、整理技術の高さに加え、一般の人にも理解しやすいよう工夫された展示方法にある。それまでの博物館では、ケースの中や柵の向こうに置かれた展示品を静かに眺めるだけであった。それを根本的に変更し、来館者が実験装置や機械を操作したり、学芸員がデモンストレーションしたりする動的な展示方法を導入したのである。この体験型展示はその後、世界中の科学技術博物館に強い影響を与え、広く普及したが、いかにもドイツらしい、革命的な発想であった。

ドイツ博物館の外観

人類の技術は陸・海・空の各分野で進歩してきたため、ドイツ博物館の展示品も多岐に及んでおり、ここでは、それらの品々をいくつかのコーナーに分けて展示している。なかでも迫力があるのは航空機で、ライト兄弟の飛行機から第２次世界大戦で使用されたドイツ軍戦闘機、さらには最新のジェット機やヘリコプターなどが所狭しと展示されている。

　特に「ユンカース Ju52/3m」の巨大さは、ひときわ目を引く。機首と両翼、あわせて３発のエンジンを有するこの飛行機は、5,000機以上が製造された信頼性の高い機体である。現在でも飛行できるものが存在するが、そのことからも性能の高さが想像できる。本来は輸送機であるが、ここで展示されている機体はルフトハンザドイツ航空の旅客機で、機内に入れるようになっている。

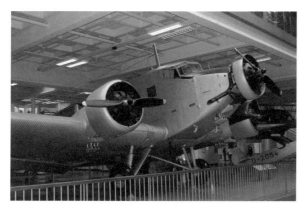

ユンカース Ju52/3m

　ドイツ博物館の収蔵品は巨大なものが多いため、展示や収蔵スペースの関係から、本館以外に「シュライスハイム航空博物館」「交通センター館」「ボン分館」の３分館を併設している。

　「交通センター館」で展示の対象となっているのは自動車やオートバイ、鉄道といった陸上の乗り物である。第１展示館には初期のものから最先端のレーシングカーに至る自動車やオートバイなどが数多く展示されている。

　第２展示館では、展示スペースの大半をたくさんの鉄道車輌が占めている。なかでも目を引くのは、緑の車体に赤いスポーク動輪が精悍な印象を与える「バイエルン・エクスプレス」と呼ばれる1912年製の蒸気機関車である。この機関車はミュンヘン〜ハンブルク間820kmを水の補給だけで走りぬく性能を持っていた。そしてこの横にはドイツ国鉄が誇るＩＣＥ特急が展示され、鉄道車輌における新旧の移り変わりを強調している。

ＩＣＥ特急と「バイエルン・エクスプレス」

　人類が科学技術の分野で、これまでにどういうことを成し遂げてきたのか、ということを一堂のもとに結集させたのがドイツ博物館である。その点では、人類の英知と技術の殿堂であると言える。しかし、子どもだけでなく、大人までもがこの博物館に惹きつけられるのは、どこかに置き忘れてきた少年・少女の心が呼び覚まされるからなのだろう。その意味から言うと、ドイツ博物館は、とてつもなく大きなおもちゃ箱なのかもしれない。

(熊)

I　博物館概論

9　わが国及び諸外国の博物館の歴史（2）

1　日本の博物館の発達

A　古代～中世

　ギリシアで神殿の宝庫をはじめとした収蔵施設が発達したように、日本でも神社や寺院で宗教的貴重品が収集された。例えば、東大寺正倉院には大仏開眼供養に使用された道具類や、光明皇太后から献納された聖武天皇遺愛品などが収蔵される。近代までほとんど一般に公開されることはなく、博物館機能の一つである保存を特化させた典型例である。また、法隆寺や四天王寺などの大寺院では、奈良時代から釈尊の本生譚などを描いた厨子の扉絵や曼陀羅、僧堂の壁画などを人々に解説（絵解き）し教化する説絵僧がいた。四天王寺では絵堂とよばれる一種の絵画館的建造物があり、聖徳太子絵伝を人々の前で絵解きしていた。

　しかし、鎌倉時代以降に絵解きは通俗化・芸能化が顕著になり、寺院のみならず盛り場でも絵解き法師により行われるようになった。さらに、江戸時代には熊野比丘尼のような八百比丘尼が現れて、仏教的な因果応報を実演する見世物として盛り場をにぎわした。その後、これらはクジャクをみせる孔雀茶屋や西洋絵画をみせる油絵茶屋など、茶屋と一体化して珍獣・珍品を披露する小屋掛け興業に発展し、後の動物園や美術館受容の伏線となった。

　神社には、氏神として藤原氏から寄進を受けた器物を収納する奈良県の春日大社や、学問の神様菅原道真の文具類や北野天神縁起絵巻を収納する京都府の北野天満宮、航海の守護神として全国の船主から奉納された和船模型を展示する香川県の金刀比羅神宮などがある。これらには春日大社の宝物殿をはじめとして、現在の社寺博物館に発展させたところも多い。また、古代からの習俗の一つとして、社寺に祈願用の生馬や馬形を奉納する習慣があるが、しだいに絵入りの板額が一般化した。この絵馬奉納の流行とその大型化がすすみ拝殿に収容することが困難になったことから、掲揚する特定の建造物として絵馬堂が成立した。この絵馬堂の公開的・開放的性格は、後世における芸術の普及を促進するきっかけにもなった。

　鎌倉時代には禅宗が伝来したが、しだいに武家社会から公家社会にひろまった。禅寺によくみられる書院には唐絵・唐物などの美術工芸品が飾られ、やがて床の間中心の座敷飾りが発展した。また、伝来した書画・工芸品は専門の鑑定家である目利きの手で分類や整理されることもあったが、これは今日でいう学芸員的な行為である。例えば、室町時代の『御物御画目録』は、足利義満以来の将軍家収集品を能阿弥が分類した目録であり、『君台観左右帳記』は将軍家が収蔵する宋・元の美術品を選択・分類し鑑賞の基準を示した目録で、添書の「御飾書」は器物を書院の棚に飾る方法を図解したものである。

　また、唐より帰朝した最澄・空海が伝えた煎茶や、鎌倉時代に栄西が伝えた抹茶などの茶の湯は、室町時代になると堺・大坂・京都の商人に普及した。会所を茶会に使用する機会がふえ、収集した

茶道具を御茶湯棚において鑑賞するという方法の定式化や、その保存方法の確立などがすすんだ。

この書院という限定された空間に器物をえらんで整然と配置・鑑賞するという行為は、一種の家庭内博物館とすることもできる。このような住居構造は、近世以降に床の間と違い棚を備えた和風住宅へと発展した。なお、陶磁器や漆器などを収納する木箱や、古美術・歴史的資料を保存する軸など、現代の博物館で採用されている保存・収納方法は、茶の湯によって伝えられてきたものである。

B　近世

古代・中世以来、社寺は威信の誇示や教化の手段として、壮麗な建造物とともに仏像や神像、あるいは奉納・寄進された器物で飾っていた。特に、社寺が厨子内に安置した神仏・霊宝などを一定期間にわたり公開・拝観させた開帳では、本来の人々との結縁という目的を離れて、しだいに喜捨として社寺の修造や経営費の浄財を得るための収益事業に変容していった。開帳は三都とよばれた江戸・大坂・京都、特に江戸を中心に隆盛をきわめた。当初は寺社奉行に許可を得る出願制で期間も限定されていたが、やがて形骸化して開催期間の長期化や間隔の短縮化がすすんだ。さらに、看板・幟をたて人形浄瑠璃や歌舞伎、生き人形などの見世物小屋、茶店などが軒をつらねる興業的な色彩が強まり、移動展覧会的な一面もみられた。

また、薬草園の造園は古来より行われてきたが、将軍綱吉の時代に廃絶していた御薬草園があらためて小石川白山に造られた。この薬草園(現東京大学理学部附属植物園)は将軍吉宗の時代に拡張され、養生所が設けられるとともに一般庶民に施薬した。また、江戸時代のはじめに伝わった李時珍の『本草綱目』は薬物書であるが、本草家たちに鑑識の知識をあたえ、採薬を行う野外研究へ誘うなど博物学の興隆を促進した。これらは貝原益軒の『大和本草』の刊行や、赭鞭会をはじめとした同好会の結成へと発展した。江戸時代の後半には物産会や薬品会の開催もさかんになったが、その出品目録は本草学や博物学の研究活動と啓蒙に大きな意義があった。

C　明治～第2次世界大戦

文久2(1862)年に下田・箱館開市開港延期交渉のため欧州6カ国に派遣された使節団は、パリでルイ13世時代に薬草園として創設されたジャルダン・デ・プランテ(現フランス国立自然史博物館)、イギリスで第2回ロンドン万国博覧会や大英博物館を見学するなど、代表的な博物館を訪れた。この時、随員であった福沢諭吉は帰国後、『西洋事情』を刊行して博物館や博覧会を紹介し、教育的側面から政府による博物館設立の必要性をといた。幕末から明治初年の大ベストセラーである本書をとおして、知識人階層を中心にひろく博物館という施設・思想が認知され、「Museum」の訳語として「博物館」が定着することになった。

明治政府は1872年開催のウィーン万国博覧会に参加し、出品物として日本の伝統工芸品や絵画、木版画などを収集した。博覧会事務局の副総裁佐野常民は帰国後、詳細な報告書を提出し、サウスケンジントン博物館(現ヴィクトリア・アルバート博物館)をモデルとした博物館の創設を主張した。

I　博物館概論

　1875 年、博覧会事務局は博物館と改称され、ウィーン万国博覧会の出品物が展示されたが、動物展示場も併設された。1881 年、この博物館は上野公園内に新造された建物に移転したが、動物展示場は天産部附属動物園として上野清水谷に開園した。前者が今日の東京国立博物館、後者が恩賜上野動物園である。また、1877 年には小中学校教師の教育の役割をになった教育博物館 (現国立科学博物館) が上野山内に開館した。

　1897 年、最初の文化財保存法である古社寺保存法が制定された。この法律の内容は、保存すべき建造物 (特別保護建造物) や美術品 (国宝) を指定し、博物館への出陳や補助金 (国費) による修理などを規定したもので、明治維新以後の神仏分離と廃仏毀釈による文化財の散逸や売買、特に文化財の海外流出に一定の制限を及ぼした。また、奈良・京都の文化財保護を目的として、1895 年に帝国奈良博物館、1897 年に帝国京都博物館が設置された。

　1923 年の関東大震災は、東京帝室博物館と東京教育博物館に甚大な被害を与えた。東京帝室博物館は表慶館以外の建造物が大破したものの、一部を除き収蔵品の被害は軽微であった。これに対し、東京教育博物館は貸出中の一部の資料を除いて、建物・資料とも灰燼に帰した。この震災以後、東京帝室博物館は歴史・古美術を中心とした博物館、東京教育博物館は自然科学を中心とした博物館の道を歩むことになった。

　第 1 次世界大戦後、世界的趨勢として労働時間の短縮がすすみ、休日の増加によって余暇利用施設が求められた。阪急グループの創始者小林一三は、鉄道沿線に動植物園を組み込んだ娯楽施設の開発をすすめて成功した。また、新興の実業家には豊富な財力で古美術品の収集に力をそそぐ者がいた。これらのコレクションの内容は、従来の枠組みに束縛されない数寄者としての収集者の性格を反映するものが多いが、その没後に散逸をおそれた故人の遺志と相続問題などから、私立美術館として公開されることもあった。これらには、1940 年開館の根津美術館や 1954 年開館の藤田美術館などがある。

　昭和時代初期には関東大震災からの復興と昭和天皇の即位大礼をきっかけとした博物館建設推進運動が、1928 年に結成された博物館事業促進会を中心に展開された。これには日本の博物館が 100 館余で、アメリカ約 900 館、イギリス約 400 館と比較して過少であり、その内容も満足できないという事情もその背景にあった。また、1930 年には文部省が各師範学校に郷土教育施設費補助金を交付し、学校内に資料室や郷土室をおいた。また、ドイツの郷土教育運動にならい、各地に郷土博物館を設立した。

　1919 年には史蹟名勝天然記念物保存法が、1929 年には国宝保存法が制定され、古社寺保存法が全面改訂された。これらにより、文化財の保護や保存が一段とすすんだが、明治天皇の行幸・行在所を中心とした 377 件の聖蹟が指定をうけたように、国策に準じて運用された一面も否定できない。

　1940 年には皇紀 2600 年記念事業として、中央科学博物館や大東亜博物館、国立自然博物館などの建設が計画され、博物館創設の機運が高まった。実際、設立準備委員会などが組織され開館に

むけて動きだしたが、いずれも戦局の悪化から実現しなかった。1943年には上野動物園をはじめ全国の動物園で猛禽が処分され、東京帝室博物館の文化財が疎開するなど博物館活動は急速に衰退し、事実上閉館する博物館があいついだ。

また、戦前の博物館には日本の植民地や占領地に創設された博物館がある。1908年に設立された台湾総督府博物館をはじめ、朝鮮総督府博物館・満州国立博物館・同奉天分館などである。これらは、先に西欧列強が植民地・占領地に創設していた博物館が、西欧流学問や技術の導入と交流、資料の収集保存などの拠点として寄与した反面、収奪資源の調査開発や統治政策に活用する民族文化の調査、住民の西欧流教育や教化の目的も否定できないことと同様、日本の国策に呪縛された機関・組織であった。このような反面、民藝運動を提唱した柳宗悦は、1922年と24年に京城(ソウル)景福宮などで、朝鮮陶磁器などの展示会を開催している。これは特筆すべきである。

D　第2次世界大戦以降

連合国軍最高司令官総司令部(G.H.Q)が発布した施策により、博物館も新しい時代をむかえた。まず、1947年に国立博物館官制が公布され、東京・奈良の両帝室博物館は文部省所管となり、国宝調査室・国宝保存修理室・美術研究所(現独立行政法人東京文化財研究所)を含む組織に改組された。1950年には法隆寺金堂の火災を契機に緊急的な議員立法で発議制定・施行された文化財保護法により、国立博物館は文部省外局の文化財保護委員会(現文化庁)に移管され、組織も縮小された。

日本国憲法、教育基本法などが制定され、教育関係法規が再整備されるなかで、博物館法の制定も準備がすすめられた。戦前から博物館事業促進会を中心に活発な審議があった博物館法は、当然のことながら国立博物館もふくむ条項が準備されていた。しかし、先年の文化財保護法に東京・京都・奈良の国立博物館が文化財保護委員会の所管とされたため、1951年に公布された博物館法は原則として、地方公共団体と法人の設置する博物館を対象としていた。これら二つの法律で今日にいたる博物館体制の枠組みが決定されたが、戦後日本の博物館の発達に及ぼした功罪には種々の論議がある。

その後、経済成長とともに各地域での博物館整備が進み、博物館がしだいに身近な施設となった。これには、学芸員をはじめとした関係者の不断の努力により展示の改革や各種の教育プログラムが拡充され、人々の認識がしだいに変化して博物館との距離が縮まった結果である。さらに、海外旅行が一般化して諸外国の博物館と直接的に比較する機会がふえ、人々の博物館に対する要求が高まったが、1990年代以降をおおう長期的な経済の後退により、現在4,500館以上の博物館の多くが財政的な問題に苦しめられている。また、博物館機能・行政を強化する法的整備、特に博物館法の抜本的改正が遅々として進まないことなど、情報化や国際化が否応もなくすすむなかで、日本の博物館がかかえる様々な弱点や問題点が表面化しつつある。　　　　　　　　　　　(米田)

I 博物館概論

東京国立博物館の外観

東京国立博物館の表慶館

江戸東京博物館の外観

江戸東京博物館の受付

網走モヨロ貝塚館の外観

網走モヨロ貝塚館の内部

Column

海外の博物館3―台北縣立十三行博物館―

所在地：台湾（中華民国）台北縣 249 八里郷博物館路 200
　　　　　200 BOWUGUAN RD.BALI.TAIPEI 249.TAIWAN
電話 886-2-2619-1313　　E-mail:sshm@ms.tpc.gov.tw　　http://www.sshm.tpc.gov.tw

　台湾の台北市の西を南北に流れる淡水川は、台湾島の北端に近いところで東シナ海に注いでいる。淡水川河口左岸に残る「十三行」という地名は、船客や貨物の船積みを行う船頭行とよばれる業者が13社あったことから名付けられたという説がある。現在この左岸河口周辺は砂堆と後背湿地が入りくみ、多様な自然環境を形成しているが、ここに発見された十三行遺跡の保存と活用のため、2002年に遺跡博物館が開館している。

　今までの発掘によって、多数の溶鉄炉と伸展葬や屈葬の墓、住居、土器や石器、鉄器や銀器など多数の遺構・遺物が発見され、3世紀頃の製鉄技術を持った台湾島最古の遺跡で、15世紀頃まで存続したことが解明された。歴史的には、漢族の移住以前の台湾史前文化、鉄器時代に相当する。日本に対比すると弥生時代後期から鎌倉期に相当するだろうか。生業活動は、鉄器・石器や骨角器から、活発な狩猟・漁撈文化の存在が推定されている。導入展示には十三行人の復原が原始的におこなわれており、農耕活動や社会構成についての言及は少ない。金や銀、ガラスや瑪瑙など装飾品は、交易により島外からもたらされた品物で、青銅製刀柄や漢〜宋代の銅銭も発見されており、まさに台湾島と中国本土の文化的な交流と並行関係を意識できる。詳細な研究が進めば、琉球諸島や日本との交流も見いだされるかもしれない。

　台湾出身の国民党李登輝総統が1988年に就任し、2000年の民主党の陳水扁総統就任後に十三行博物館が開館するという道筋は、台湾における市民意識、台湾人認識の高まり、経済至上主義から環境重視への舵取りと軌を一にしている。この数年、台湾島の考古遺跡の発掘が詳細に取り上げられ、さらに同じ2002年に国立台湾史前文化博物館が台東に開館したことなどは、漢族としての中国本土の歴史から台湾島の足元の歴史へと、台湾住民のアイデンティティ基盤が変化しつつある証であろう。

　一方、「漢族から見た台湾先住民による先史文化」という視点が窺え、十三行遺跡の文化を突き放して「低く」「原始的に」評価する視点が感じられる点は、日本からの来館者が感じる違和感であろうか。博物館の設置や内容には、設置者の社会的状況や政治的姿勢、積み重なった自民族や国家に対する歴史観が、必ず反映している。　　　　　　　（山口）

十三行博物館の外観（一部）

I　博物館概論

１０　動植物園・水族館の歴史

　自然史系の博物館の中で、動植物園、水族館は生きたままの展示、つまり状態が刻々と変化するものをそのまま維持管理しているという保存法に特殊性をもつ。
　その起源は美しいものや珍奇な生き物の姿と動きを展示し、憩いの場を提供することから始まり、集めたものの情報の整理と知識の提供への変遷がある。
　これらの施設での主要な役割は次の３点と思われる。
　①生物の生きた姿をとおして、自然環境の理解の場を提供する場である。
　②地球環境の歴史と展望を考えるうえで、生き物の基礎資料を提供する機関である。
　③種の保存の一翼を担う施設である。

１　動物園の歴史

　珍しいものを集めた人寄せの場所であった。そこは、世界にはどのような動物がいるのかという、知らない世界を紹介する場所でもあった。時代の変化、環境の変化に伴い社会的な要望の変化が起こる。世界にはどのような動物がいて、どのような暮らしがあるのか、また動物を通した生息地の様子の解説は人間との関わりを考える資料となる。その上で、減少してきている動物の保護を訴えることや、逆に異常繁殖および生息地攪乱の現象を訴えることも動物園の役割となってきている。
　新しい動物園の方向としては、動物本来の行動を見せる取り組みや、動物福祉への配慮なども重点課題としている。

２　植物公園の歴史

　多くの樹木を配置し、花壇に美しい花を咲かせる公園は市民の憩いの場としての存在であり、そこに世界の珍しい植物を集めた鑑賞的価値の高い場所は人を集める効果もあった。そのような場所で遠隔地の植物を見せ、また植物の生活の不思議さを紹介することは、植物の広い生態を紹介する場ともなり、野菜、果実など食材や、薬草、有用資材の生物としての姿を見せることでレクリエーションと学習を兼ねる市民生活を支える場へと変化してきている。

３　水族館の歴史と特徴

　普段の人間生活では見る機会が少ない水の中を見せることにより、つまり泳いでいる魚介類の姿を見せやすいということで、ほぼ常に動いている動物たちを見せることができる施設である。また底生動物や固着動物および水草のそよぐ姿も背景として、ガラスの向こうのステージを見ているような水中ショーの要素があった。さらに、世界の珍しい魚の姿や生活ぶりを紹介することで、知られざる生活空間の紹介ができた。そこでは人間の生活する空間とは異なる環境と生き物の世界に思

いをはせる場を提供してきた。そこから水生生物の生態を学習する場へ、また水生資源を考える機会を提供する場へと発展してきている。

4　珍しいものを集め展示する場所から総合的な生態展示への変遷
　一般市民が訪れやすい条件の場所に多数の種類の動植物を集め、継続的な観察を可能にすることにより、憩いの場としての存在は維持しつつも生物学的情報の整理と発信により典型的な実物教育の場を提供する場へと発展してきている。
　飼育、栽培技術の専門性から、自然状態の中では存続が危ぶまれる種類の「種の保存」の場所としての役割も派生してきている。ただし、自然環境から隔離した条件なので、種とは何かという問題の認識を忘れてはならない。
　また限られた施設内では集めうる種類数が、自然界に存在する種類に比べてあまりにも少ないという問題、そしてまた、自然環境の中で複雑に関係しあって、それぞれが自力で生きている野生生物を、特定の種類だけを切り離してバラバラに存在させているという根本的な矛盾を改善する努力と個々の種についての知識の集積に努め、それらの総合的な整理を進めることにより、市民レベルでの自然情報の共有という役割を持つ方向への変遷と発展があった。　　　　　　　　　　（河合）

動物とのふれあい
家畜化した動物もふれあいの動物と
して活躍する機会が増えてきている
（写真提供：広島市安佐動物公園）

動植物展示のあり方
興味本位で動物を囲って展示していた
過去の動物園時代の反省を込めた表示
（写真提供：広島市安佐動物公園）

Column

大阪市立自然史博物館
所在地：〒 634-0034　大阪市東住吉区長居公園 1-23
電話 06-697-6221(代)　Fax 06-697-6225
ホームページ http://www.mus-nh.city.osaka.jp

　1950 年に大阪市立自然科学博物館として創立、1974 年に現在の長居公園で大阪市立自然史博物館として再出発し、64 年の歴史を持っている。当初、都会に住む市民に、あまり身近にない自然に関心をもってもらい、自然の重要さを体験してもらう社会教育施設として出発したが、昨今は人々に人間も自然の一員であることを自覚し、人間はこれから自然とどのように関わるべきかを考えてもらうための活動を支える生涯学習施設と位置づけている。2007 年から指定管理になり、現在 (財) 大阪市博物館協会が指定管理者になっている。

　建物は長居植物園の中にあり、本館（延床面積 約 7,000㎡）と 2001 年に新しく出来た「花と緑と自然の情報センター」（延床面積 5,000㎡）からなる。本館にはメインの常設展、講堂、研究室、書庫などがあり、後者には「大阪の自然誌」の展示、ネイチャーホール (特別展示室)、実習室、収蔵庫などがある。職員は、館長・副館長、学芸員 14 名、事務系 10 名の合計 26 名。事業としては、館の運営管理や広報活動のほか、主要な 4 本柱として、展覧事業・普及教育事業・調査研究事業・資料収集保管事業がある。

　展覧事業：常設展は「自然と人間」を基本テーマに、人と自然の関わりをみていくストーリー展示になっていて、第 1 展示室「大阪の自然」、第 2 展示室「地球と生命の歴史」、第 3 展示室「生物の進化」、第 4 展示室 (ギャラリー)「自然のめぐみ」、第 5 展示室「生き物のくらし」(2008 年に新設) と続いている。情報センターには、「大阪の自然誌」の常設展示があり、こちらは無料で誰でも観覧できる。ネイチャーホールでは、館の調査研究結果を展示した特別展が年に 1 回は開催され、恐竜展などのような共催の特別展も 1～2 回開催される。他に、本館のイベントスペースで寄贈標本の公開など、特別陳列も数回行われる。

　普及教育事業：毎月いくつか行われる観察会が中心であるが、他に室内実習、野外実習、植物園案内、自然史オープンセミナー (学芸員の研究発表)、ジオラボ、講演会などで、合計 90 回以上になる。子ども向けのワークショップや、教員や観察会指導者向けの研修会なども好評である。普及事業の根幹をなすものとして、「大阪市立自然史博物館友の会」の指導がある。友の会は、博物館を積極的に利用して、自然に親しみ、学習しようとする人たちの会で、年間 1,700 名を越す会員がいる。博物館とは独立した組織として運営されていて、2001 年からはＮＰＯ法人大阪自然史センターの事業として運営されている。博物館の行事とは別に、年に 50 回以上の会独自の行事を行っており、学芸員や評議員の指導のもと、自然観察と同時に会員相互の交流も行われている。

　調査研究事業：質の高い博物館活動を推進するために、最も重要な根幹の事業と位置づけて、学芸員全員で真剣に取り組んでいる。動物・昆虫・植物・地学・第四紀の 5 部門があり、各研究室

に3名ずつの学芸員がいる(第四紀研究室は2名)。各部門にはそれぞれサークルや研究会などがあって、学芸員が指導に当たっているが、アマチュアや市民と連携しながら、調査研究を進めている。成果は友の会の月刊誌『Nature Study』や、館の研究報告などで公表される。

　資料収集保管事業：展示や普及のため、研究用や各時代の自然の証拠を残すために行われる資料の収集保管もまた、最も重要な事業である。現在保有する資料数は145万点を超えるが、昆虫標本が最も多くて約2/3を占め、植物標本が約1/4、残りが動物・地学・第四紀関係の資料である。収集は直接学芸員が採取するほか、寄贈・購入・交換などによって行われる。市民との共同調査で蓄積される資料も多く、古い時代の寄贈コレクションを精査することで、生物の変遷も知ることが出来る。分類整理された資料は登録されて収蔵庫へ永久保管され、成果は収蔵資料目録(現在第45集)にまとめられており、HPでも公開されている。文献資料や書籍、写真や文書などの収集も重要で、現在約17万冊を超える。　　　　　　　　　　　　　　　　　　　　　　　　（宮武）

大阪市立自然史博物館　外観

ナウマンホール

第2展示室

第5展示室

Ⅰ 博物館概論

1 1　博物館の現状と課題

　博物館・美術館数は全体としては増加傾向にあるが、館種によっては減少しているものもある。経済環境の悪化から公立・私立の博物館・美術館の統廃合も進みつつあり、その取り巻く状況は厳しいといえる。

1　種類別館数

　博物館は収集・保管・展示をしている資料の内容等により分類すると、総合博物館・科学館・歴史博物館・美術館(美術博物館)・野外博物館・動物園・植物園・動植物園・水族館に分けることができる。また、博物館法による分類として、登録博物館と博物館相当施設、博物館法の対象にならない博物館類似施設に分かれる。文部科学省により3年毎におこなわれている社会教育調査によれば、2015年度において登録博物館は895館、博物館類似施設は4,434館で総数は5,775館になる。

2　現状と課題

　日本における博物館の統計は先に述べた社会教育調査に拠るものともう一つ、民間会社により、博物館とレジャーランド・レジャーパークを併せて統計を取り集計し、動向を調査したものがある。これに拠れば、東京ディズニーランド・ディズニーシーの年間入場者数3,000万4千人を筆頭に約300施設の入館者が数の多いものから順番に一覧表にされている。

　活動評価の一つとして入館者数が用いられるのは当然ではあるが、博物館の評価はこれだけではなく、入館者数に反映されない各地の博物館が取り組んでいる地道な活動も忘れてはならない。無形・有形の文化財の保存と活用やその振興など数値には表れにくい活動を評価する制度が必要であると考えられる。

　もう一つの課題として、近年、博物館の運営主体が変わりつつあることがあげられる。これは、国の博物館・美術館が独立行政法人国立博物館法等により独立行政法人となったことである。また、これまで地方自治体による直営あるいは管理委託で運営が行われていた博物館が、改正地方自治法（平成15年法律第81号）により、指定管理あるいは直営による運営のどちらかを選択しなければならなくなり、指定管理による運営が数多くおこなわれるようになった。

　指定管理の運営団体選定は公募あるいは指名によりおこなわれている。公募は、一般的には地方自治体が所管する博物館・美術館について運営団体を募集し、外部委員も含めた選定委員会において応募団体の審査をおこない決定する。その運営団体は、条件を満たせばＮＰＯや株式会社も指定管理団体になることができる。

　また、管理運営をおこなう博物館及び美術館の数、所蔵する資料数が多いことなどの理由から管

理運営をできる団体が限られるとして特定団体を指名し、管理運営をおこなわせることもある。
　いずれにしても契約年限は通例4〜5年の期間となる。年限が限られることにより継続的な管理運営ができなくなり、資料の保存管理に問題が生じる可能性も指摘されている。

表1　種類別博物館数内訳（『平成27年度社会教育調査報告書』より 文部科学省2017年）

区分	総合博物館	科学博物館	歴史博物館	美術博物館	野外博物館	動物園	植物園	動植物園	水族館	計
登録博物館	130	70	323	352	10	−	2	−	8	895
博物館相当施設	22	36	128	89	6	35	8	7	30	361
博物館類似施設	298	343	2,851	623	93	59	107	14	46	4,434
計	450	449	3,302	1,064	109	94	117	21	84	5,690

※博物館法に定められた要件を満たしている登録博物館・博物館相当施設を合わせて博物館としている
※博物館法の対象になっていないものを博物館類似施設としている

表2　入館者数（『平成27年度社会教育調査報告書』より 文部科学省2017年）

区分	総合博物館	科学博物館	歴史博物館	美術博物館	野外博物館	動物園	植物園	動植物園	水族館	合計
登録博物館	7,917,069	12,499,138	12,994,107	19,345,682	1,214,140	−	63,000	−	4,362,516	58,395,652
博物館相当施設	582,312	3,939,924	9,956,025	11,378,107	1,387,335	20,630,678	796,750	4,497,743	18,014,489	71,183,363
博物館類似施設	11,193,198	19,171,539	55,372,088	23,948,248	3,502,677	14,048,118	11,615,926	1,327,292	10,237,879	150,416,965
計	19,692,579	35,610,601	78,322,220	54,672,037	6,104,152	34,678,796	12,475,676	5,825,035	32,614,884	279,995,980

※博物館法に定められた要件を満たしている登録博物館・博物館相当施設を合わせて博物館としている
※博物館法の対象になっていないものを博物館類似施設としている

I　博物館概論

3　欧米と日本の相違

　欧米に習い国民教化の一環として勧業博覧会を始めとする博物館の設置とその施策が明治よりおこなわれてきているが、現状においては社会あるいは個人にとっての博物館の位置づけには少し違いがある。

A　学校による博物館の利用

　イギリスにおいては、日本でいうところの「学習指導要領」に相当するナショナルカリキュラムが制定されており、学年ごとの学習内容・達成目標等が細かく記されている。そして、学校には体験学習としての博物館利用の奨励、博物館には、ナショナルカリキュラムに対応してどのように学習のためのプログラムが提供できるかを考えるようにという奨励が出されている。

　これを受けて、各博物館は体験学習資料などを学校見学用資料パックとして販売しているところや見学用の補助資料をインターネットでダウンロードして利用できるところが多くある。

　例えば、ヴィクトリア＆アルバート博物館（Ｖ＆Ａ）のホームページを見ると教師向けのコーナーがあり、ホームページ上で登録をすれば、40種類ほどのカリキュラムの中から指導に適したカリキュラムを選択し利用できるようになっていて、学校と連携するための充実した体制が組まれている。そして、学校団体の利用は、クラス単位で授業の一環として利用されていることが多い。

　日本の小学校・中学校の団体利用は、学習の一環としての位置づけが弱いように見受けられる。個々の違いはあるが、複数クラスを合わせた学年単位の利用をおこなっているところが多い。

B　博物館とボランティア

　日本においても近年、ボランティアを導入する博物館が一般的になりつつある。各館におけるボランティアの体制は、自主団体として博物館に協力しているものと博物館がボランティアを募集し、博物館の事業としてボランティア活動の場を個々の人々に提供しているものに大きく分かれる。

　日本での活動は、展示解説・展示監視員などがほとんどだが、アメリカにおいては施設の管理運営にまで関わっているところもあり、その活動範囲は広い。

　また、自主団体あるいは個人としてボランティアに参加していても、活動の舞台となる博物館・美術館のために活動をしているのだという意識が強い。

C　博物館の財政

　アメリカにおける博物館の財政（予算）基盤は個々に違いはあるが、共通しているのは日常の活動（イベント等）・メンバーシップ制度などを通じて協力者を増やし、それとともに寄付を少しでも多く集め博物館活動に生かそうとしていることである。これは寄付をすればそのかなりの部分が、税制上優遇されるという事情によるところが大きい。日本においても同様に統制上の優遇措置が計られるようになってきている。

（文珠）

リバプール博物館（イギリス）
自然史コーナーの導入部
数多くの観覧者で賑わっている

リバプール博物館（イギリス）
ボランティアによるワークショップ織物体験コーナー

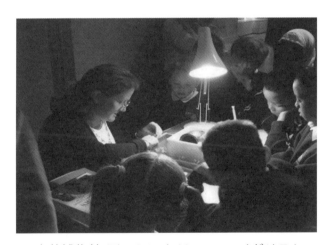

大英博物館 (The British Museum: イギリス)
ボランティアが児童に古代の土器を使った
ハンズオンを実施しているところ

大英博物館 (The British Museum: イギリス)
小学生高学年ぐらいの団体が教師の説明を受けた後、
メモを取っている様子

Ⅰ　博物館概論

１２　博物館の未来像

　博物館の使命は、博物館資料を保存して人類共通の遺産として未来に残すとともに、調査研究によって正確で豊富な情報を蓄積し、人々に広く活用してもらうことにある。そのために博物館はどうあるべきか、期待される博物館の未来像を描く必要がある。

１　変化する博物館

　博物館のあり方は、社会の発展に伴って変化してきた。最初は宝物や希少品などの収集・保管や陳列を目的とした施設であったのが、次第に資料を広く公開するための社会教育施設としての役割が強調されるようになった。さらに1990年代になると、欧米で「卓抜と均等～教育と博物館がもつ公共性の様相～」（1992年　全米博物館協会報告書）、「共通の富～博物館と学習～」（1997年　イギリス文化遺産省依託報告書）という指針が示され、21世紀の博物館は教育を中心とした公共サービスに重点を置いて活動するという流れがつくられた。

２　「対話と連携」による「市民とともに創る新時代博物館」

　日本でも新しい博物館像を検討する取組みが行われ、博物館の望ましい姿は「対話と連携」であるという指針（2000年　財団法人日本博物館協会）が提示された。これは、博物館が社会に貢献し、市民から存在意義が認められるためには、活動全体をとおして人々と対話をし、他の博物館だけでなく関係機関や地域社会と連携していくことが不可欠であるとしたものである。さらにこの考えを基盤にして新しい博物館像は、「集めて、伝える」を基本に、市民とともに「資料を探求」し、知の楽しみを「分かちあう」という「市民とともに創る新時代博物館」（2003年　財団法人日本博物館協会）であると指針が示された。

３　参加・体験と交流

　新しい博物館は、従来の「堅苦しい」という印象を払拭し、「楽しい」というイメージで人々を誘い、知的な好奇心を刺激したり、感動を与えたりすることで、結果として教育に貢献することが求められている。そのために博物館は、多様化し高度化するニーズに応えるための資料収集や調査研究を強化するとともに、市民が気軽に参加・体験し、人々の交流の場となることを軸に据えた活動を展開する必要がある。

４　地域社会と独自性

　博物館は、それぞれ規模も設置者も異なり、基盤となる地域も一様でない。当然、収集資料も蓄積情報も異なる。多数の博物館の各々が市民からの支持を得るためには、博物館が多様な独自性を

発揮する必要がある。

　特に公立博物館にあっては、地域の住民や関係機関との対話と連携により、地域の自然や文化遺産をテーマとした自主的な研究グループやボランティア活動と深くかかわることが重要である。こうした活動により、博物館は自然や文化の保存・活用を巡る地域活動の拠点となることができる。

（吉田）

【資料1】「『対話と連携』の博物館」

「『対話と連携』の博物館」の活動原則（2000年　財団法人日本博物館協会「博物館の望ましい在り方」調査研究委員会報告）

（対話）
1. 博物館は博物館活動の全行程を通じて対話する。
　　－収集保管・調査研究から新展示・慰楽まで－
2. 博物館は利用者、潜在利用者の全ての人々と対話する。
　　－面談からインターネットの双方向交流まで－
3. 博物館は年齢、性別、学歴、国籍の違いと、障害の有無を超えて対話する。
　　－施設・情報をすべての人に利用可能にする－
4. 博物館は時間と空間を超えて対話する。
　　－博物館のIT革命を推進する－

（連携）
1. 博物館は規模別、館種別、設置者別、地域の相違を超えて連携する。
　　－相互理解が連携の道を拓く－
2. 博物館は学校、大学、研究所等と連携する。
　　－博物館活動の科学的基盤を整備する－
3. 博物館は家庭、行政、民間団体、企業等、地域社会と連携する。
　　－市民参画が新しい地域文化を創造する－
4. 博物館はアジア、太平洋地域及び世界の博物館・博物館関係諸機関と連携する。
　　－地域連携から国際連携－

【資料2】市民とともに創る博物館のイメージ

　滋賀県立琵琶湖博物館は、基本理念として「テーマを持った博物館」「フィールドへの誘いとなる博物館」のほか、「交流の場としての博物館」を掲げ、「利用者との間で知識や情報を交換し、語り合う場を用意することで、たえず成長・発展する博物館を目指す」として、その活動のイメージ図をホームページにも掲載している。

滋賀県立琵琶湖博物館
活動方針のイメージ図

Column

高知県立文学館

お城のふもとの文学館

　高知県立文学館は、高知城を仰ぐ城郭内にある。1997年に誕生し、『土佐日記』の紀貫之から現代作家の宮尾登美子、ライトノベル作家の有川浩まで、地域ゆかりの人物を幅広く紹介。約40人の作家からテーマ毎に数名を取り上げる「変わる常設展示」が好評で、併設の「寺田寅彦記念室」では、地球物理学者で夏目漱石の愛弟子でもあった寺田寅彦を顕彰し、約2,300点に及ぶ館蔵資料の一部を公開している。

資料と展覧会

　私が在任中に担当したのは主に古典全般と寺田寅彦で、レファレンスや文学講座等イベントの他、資料の収集と保管、館の心臓部ともいえる収蔵庫の改善にも取り組み、万葉研究に生涯をかけた鹿持雅澄と、寅彦の展覧会を開催した。

　鹿持のように所蔵資料が数点しかない場合、情報を集めつつ、借用のための信頼関係を築いていくことになる。相手が同種施設であれば書類のやり取りと借用時のチェックなどで済むが、個人とは手紙に始まる根気強い交渉が必要だ。面会時の談話や所作、資料の取り扱いには細心の注意を払い、事業報告は勿論、その後も関係を途切れさせないよう心がけた。展覧会前後のひとつひとつの行動が、自分と館の評価に繋がる。

　一方、寅彦については、常設展示や過去の企画展とは異なるフレッシュな視点が求められた。最後に手がけた「寺田寅彦―手のぬくもり展」では書簡や原稿、絵画等の自筆資料にこだわり、肉筆から寅彦の人となりや多岐にわたる交流を紹介しつつ、展示を通じて、家族のあり方、手紙の効用なども考えてもらえるよう工夫した。同時に、当館が誇る多数の自筆資料を公開することで、今後の在り方を問うた。認知度が低く、しかも不況の煽りを受け、全国的に厳しい立場にある文学館。来館者数増減に基づく評価に加え、データ入稿の一般化で資料収集や展示手法などの新たな課題も浮上している。貴重な資料を守っていくためには、その存在を効果的に発信し、力のある館となるべく体制を整えていく必要があるのだ。

　発信という意味では、県外のみならず、県内へ向けての取り組みも肝要だった。当県では坂本龍馬が頻繁に脚光を浴びる反面、その他の人物への顕彰が疎かになりがちだ。背景には、県内の博物館等施設が教育委員会の所管外で、博学連携で培われる郷土教育の整備が立ち後れていることがあり、実際、当館への引率で初めて寅彦やその他の高知出身文学者を知る教師も少なくない。当館ではこうした状況を肝に銘じ、来館へ繋げるべく、館外での出前講座や朗読イベント等も積極的に行っている。

「礼を尽くす」

　資料にかかわるすべてに「礼を尽くす」。これは私が学生時代に博物館実習で教えられ、その後もずっと大切にしてきた言葉である。

　展示には「モノ」が必要だが、それぞれは単なる「点」に過ぎない。個々を「資料」として位置づけ、関連のあるもの同士を結び「物語」を創る。物語の豊かさは、一点一点にどれだけ真摯に向き合えたかで決まる。

　ある人にとっては単なる物品でしかなくとも、背景には、もとの所蔵者の様々な「想い」が存在する。託された資料を引き継ぐことは、その想いをも後世に伝えていくことだ。個人的な想いに基づくモノを、どのように普遍化し意味づけていくか、学芸員の力量が問われるところだろう。

　在任中は至らぬ点も多々あり、実際に礼を尽くしきれたか定かではないが、様々な方々の助力により、当館オリジナルの展覧会を開催できた。退職後も途切れない幾多もの縁は、いまでも私の大切な財産だ。

（森香奈子）

展示室の様子

Ⅰ 博物館概論

１３　わが国及び諸外国の博物館をめぐる現状

　博物館や行政の場における文化財は、社会状況の変化にともない概念を変化させてきた。対象が拡大を続け、文化財保護法も改正が加えられてきたのである。また世界遺産への理解が進み、文化財よりさらに広い概念である文化遺産の語が浸透しつつある。

１　拡大化する文化財の概念
　1950年に公布された文化財保護法では、無形文化財、民俗資料、埋蔵文化財が保護の対象とされた。その後高度経済成長期を経て国民の生活様式が大きな変化を遂げたため、1975年にはその変遷を知る上で必要な民俗資料が「民俗文化財」と位置づけられた。また個々の建造物の保護に加えて、群としての建造物がもつ価値に注目した「伝統的建造物群」の概念が生まれた。
　2004年にも文化財保護法が改正され、新たに「文化的景観」が加えられた。文化的景観とは、「地域の人びとの生活や風土によって形成され、国民生活などの理解に欠かすことができないもの」と規定されている。すなわち人の営為によって創出された景観といえる。具体的には里山や棚田などがあげられ、身近な風景が文化財として評価されたことになる。同年の改正でもう１点、「民俗技術」の項目も加えられた。それぞれの地域に伝承されてきた生活や生業に関する用具の製作技術を指し、鍛冶や船大工などをあげることができる。

２　背景
　文化財の対象が拡大化してきた背景には、社会状況の変化がある。景観や民俗技術は生業と密接に関連し、生業の衰退・消滅によって保存が困難になっている。たとえば里山や棚田を支えてきたのは農村の共同体であり、それが崩壊しつつある今、文化財として保存されるためには住民の理解と協力が不可欠であろう。民俗技術についても職人がほとんど姿を消し、技術の伝承がなされているとはいえない。モノづくりの技術を評価する価値観の醸成が求められる。いずれにしても、対象のすべてを保存することはできないので、今後、対象の選択に向けて議論が必要になろう。

３　文化遺産と学芸員の役割
　文化遺産は、わが国でも世界遺産の登録が進み、すでに広く認知された概念である。しかし対象は、世界遺産にとどまらず従来から使用されてきた文化財を含む有形・無形の歴史的価値をもつ文化的な所産をさす。そして文化財には「保護」の要素が付属してきたが、文化遺産は保護にとどまらず、現代、未来において活用を視野に入れて価値を判断することが求められる。文化遺産の価値を発見し、活用の方向を見出す専門職の一端を担うのが学芸員である。学芸員は博物館にとどまることなく、積極的に館外での活動を行うことが求められることになろう。

（森隆男）

【資料１】民俗文化財の定義

文化財保護法第二条第三項

民俗文化財とは「衣食住、生業、信仰、年中行事等に関する風俗習慣、民俗芸能、民俗技術及びこれらに用いられる衣服、器具、家屋その他の物件で、我が国民の生活の推移の理解のために欠くことのできないもの」

出石町遠景

重要伝統的建造物群に選定された豊岡市出石町は、
仙石氏の城下町であった

出石町の有楽館（伝統的建造物）

近畿地方最古の劇場「有楽館」が再興されて、
新しい観光のスポットになっている

民俗技術

下駄などの木製品を作る民俗技術を伝えてきた職人は、
急速に減少している
群馬県新治村では「匠の里」をオープンし、
職人の伝統的な技術を公開している

I 博物館概論

14 学芸員の役割

　学芸員は博物館の専門職員で、博物館資料の収集、保管、展示、調査研究など専門的な職務を担当する。博物館資料に関する専門的知識はもちろん、資料の取り扱いに関わる技能をもっていることが求められる。さらにモノと人を結びつける役割を果たすために、探究心や柔軟な発想、モノと人に対する誠実さが求められる職種といえよう。

1　博物館法における定義・役割
　博物館法の第4条3項で、博物館に専門職員として学芸員を置くことが明記されている。その専門性は、歴史や美術、自然、動植物まで、博物館の性格に応じてきわめて広い分野にわたる。また、学芸員の役割は、博物館法の第4条4項にみえ、資料の収集、保管、展示及び調査研究その他これと関連する事業があげられている。学芸員が職務を果たすためには専門的な知識をもっていることはもちろん、資料の取り扱いに関わる高度な技能をもっていることが求められる。
　資料の収集や保管の職務はコレクターの顔をもつものであるが、収集に当たっては資料の残存状況などを考慮して総合的、計画的に行なわれなければならない。調査研究の職務は研究者の顔をもつものであるが、モノの真贋の判断を含む学術的価値を見極めることにある。展示や各種の教育・普及事業を企画する職務では教育者の顔をもつことになる。いずれにしても探究心や柔軟な発想、そして何よりもモノと人に対する誠実さが求められる職種といえよう。

2　資格の取得方法
　学芸員の資格については博物館法第5条にみえる。一般的には学芸員の資格は大学で取得することが多い。「博物館概論」「博物館資料論」などの科目を修得し、学士の学位をもっていることが条件になる。
　その他、文部科学大臣が学芸員としての学力と経験を有すると認めた場合も資格が付与される。なお行政の文化財保護の部署でも専門職として学芸員の資格を求める場合があり、今後位置づけの検討が望まれる。

3　わが国の学芸員の現状
　欧米の博物館では、キュレーターと呼ばれる専門職員が配置されている。博士号をもつ高度の知識と技能をもつ職種である。それに対しわが国の学芸員は、上記のように多様な顔をもつ職種である。博物館の機能としては、資料の収集・保管・展示及び調査研究と関連する事業のいずれにも偏重しないことが求められている。そのため小規模の博物館では一人の学芸員がそれぞれの役割を果たさなければならないのが現状である。そのため「雑芸員」と自嘲することにもなる。一方、比較

的多くの学芸員が配置されている博物館では、ローテーションを組んで職務を分担しているところが多い。

　今後はそれぞれの博物館が特色を打ち出し、特定の機能をアピールすることが求められよう。そのために学芸員の分業化がすすみ、それに応じた学芸員の養成システムも必要になろう。

（森隆男）

【資料１】博物館法
　　第４条
　　３　博物館に、専門職員として学芸員を置く。
　　４　学芸員は、博物館資料の収集、保管、展示及び調査研究その他これと関連する事業についての専門的事項をつかさどる。

並河晴之七宝記念館（左）
見学実習で訪れた学生たちに博物館の設置目的や経緯、
見所などをていねいに解説する学芸員
見学者の目的に合わせた情報提供が求められる

琵琶湖博物館
子供たちの好奇心に応えるためには、
学芸員も常に好奇心を持ち続けるべきである

石造物の見学風景
来館者の知的なニーズを把握し、
多様な事業を展開することも必要である

Column

日本民家集落博物館

　2011年の夏に、30年ぶりに秋山郷を訪れた。村の入り口に「秘境　秋山郷」の看板が立てられ、最奥の切明まで舗装道路が開通していた。30年前にはかなり残っていた茅葺民家はすべてトタンに覆われ、無人の民家が1棟参考展示資料として保存されていたがかなり荒れていた。

　栄村小赤沢の山田庄平家は、民俗資料館を兼ねた住まいである。囲炉裏端でお茶をご馳走になりながら、一人でこの家を守っている女性にかつての暮らしの様子を聞いた。そのうちに、50年前に和山にあった山田家が大阪の博物館に移築されたこと、そのとき鳥越先生と学生風の若い人がいろいろなことを聞いて回っていたことを懐かしそうに思い出された。その若い人は、当時日本民家集落博物館（以下「民家集落」と略す）の学芸員をしていた、本学名誉教授上井久義先生である。

　民家集落は1960年にオープンした日本最初の野外民家博物館である。国指定重要文化財3棟、同重要有形民俗文化財1棟、大阪府指定文化財4棟を擁し、民家の研究者の「聖地」とも言うべき博物館である。中でも秋山郷の民家は茅壁や土座、掘立柱を残した、古態を伝える民家として知られ、秋山郷の住まいと暮らしを知るためには、きわめて貴重な資料である。

　民家集落に移築された民家は、原則として建築当初の姿に復元されている。当館に学芸員として就職した当初、私は生活臭がなく「生きている民家」ではないとして、これらの民家をどこか冷めた目で見ていた。移築された民家がかつて所在していたところに出かけてその地にある現在の民家を見ると、民家が人びとの暮らしとともにあり変容していくものであることを知ることができる。モノである民家に生命を感じるときであり、まさに「民家が生きている」ことを実感する。両者を重ねたとき民家の魅力に気づき、移築復元された民家の重要さを理解したのである。それが30年前の訪問であり、手放すことができない研究テーマになった。

　私が勤務していた頃、毎年、奄美の高倉の前で奄美地方の出身の人たちが懇親会を開き、三線にあわせて歌舞を演じていた。1棟の建物が故郷を演出し、その場の郷愁が共有されていたのである。民家に対する熱い思いは現在も継承されている。近年、街づくりの一環として民家が創り出す景観を保存し、無住の古民家をギャラリーや情報センターに改築するところが多い。奈良町は奈良市が景観条例を制定し、瓦屋根と白壁を基調とした街づくりが軌道に乗り、観光客の増加をもたらしている。また兵庫県の養父市では市域に残る数百棟の養蚕民家の調査を実施し、保存に向けて検討を始めている。養蚕民家は世界遺産に登録された白川村や五箇山の合掌造り、山梨県の甲造りなどが有名であるが、当地の養蚕民家は普通の民家を2階建て、3階建てに改築したユニークな建物で、それらが群をなしていることが魅力である。現在、重点地区を設定し、宿泊施設やギャラリーに改築しながら活用が模索されているところである。

　今、博物館を取り巻く財政状況は厳しい。とくに補修に費用がかさむ民家博物館は、危機に直面している。そんな中、このたびの東日本大震災の津波で壁や内部が損壊した宮城県南三陸町にある古民家「遠藤家」が、高松市の四国民家博物館に移築されると報じられた。廃棄される運命の民家

が文化遺産として再生されることになり、本当に嬉しい。民家の保存と活用の重要性が、多くの人に認知されることを願っている。

(森隆男)

民家集落に移築された秋山郷の民家

床をもたない土座

原型を残しながら変容していく民家（秋山郷）

移築された白川村の合掌造り

保存のために焚かれる火（左）

I　博物館概論

１５　博物館関連法令・条約等

　博物館は文化財の展示だけでなく文化財を後世に伝える役割をもっており、文化財保護法との関わりは深い。またこれからの博物館は館外の活動を積極的に進めることが求められ、世界の文化遺産及び自然遺産の保護に関する条約、自然環境保全法、ワシントン条約などいろいろな関連法規を理解しておく必要がある。

１　文化財保護法
　法隆寺の金堂壁画の焼損が契機になって、1950年に文化財保護法が制定された。この法は近代以後制定された文化財の保護に関する法律を総合的にまとめたものである。以後、改正が行なわれる過程で、文化財の対象が拡大されてきた。近年は単に保存するだけでなく、活用を視野に入れた保護の必要性が指摘されている。
　博物館における展示では指定文化財を展示することも多く、資料の移動や展示環境などこの法に則して事務処理をすすめなければならない。また学芸員の有資格者を文化財保護行政の場で活用している自治体も多く、学芸員が仕事をする上で基本的な法といえる。

２　世界の文化遺産及び自然遺産の保護に関する条約
　1960年にナイル川流域でダムの建設が始まった際、水没の危機に直面していたヌビア遺跡のアブ・シンベル神殿を世界各国の協力のもとに移転することができた。このことがきっかけになり、人類にとって貴重な遺跡や建造物などを保護する考えが国際的に共有されるようになった。この条約は1972年にユネスコの総会で採択され、一般に世界遺産条約と呼ばれている。日本は先進国の中では最後の1992年にこの条約を批准した。
　世界遺産は登録されたリストの中から、人類が共有すべき顕著な普遍的価値をもつ物件を選んで登録することになっている。その価値を判断する基準として、人類の創造的才能を表現する傑作であることなど10項目があげられている。
　なお世界遺産に推薦するためにはその国の国内法で保護されていることが条件であり、わが国の場合、上記の文化財保護法がそれに該当する。ちなみに原爆ドームを世界遺産に推薦するために、1995年当時、文化財保護法に基づく史跡名勝天然記念物指定基準を改正したことがある。

３　自然環境保全法、ワシントン条約、その他
　明治時代から森林法（1897年）や国立公園法（1931年）など自然環境の保護のためにいろいろな法律が制定されてきたが、1960年代に入って経済の高度成長期に突入すると広域にわたって大規模な開発が行われるようになり、従来の法律では十分に対応できなくなった。そこで1972年

に国民の健康で文化的な生活を確保する目的で、自然環境保全法が制定された。

　自然環境とともに動植物の保護も重要な課題である。絶滅の恐れがある野生の動植物について国際的な取引を制限するワシントン条約、水鳥の生息地として国際的に重要な湿地を保全するラムサール条約も理解しておく必要がある。

（森隆男）

島根県　石見銀山

世界文化遺産に登録された石見銀山遺跡

過疎の町であった大森町は今、観光客でにぎわう

鹿児島県　屋久島

世界自然遺産に登録された屋久島では豊かな自然が

残されている

北海道　野付半島

北海道東部の野付半島と野付湾は、

ラムサール条約で守られている湿地の一つ

野付半島で見つけた看板

見学者にこの湿地の価値が解説されている

Ⅱ　博物館経営論

馬俑（中国唐代　関西大学博物館蔵）

Ⅱ　博物館経営論

1　博物館経営の目的　性格　意義

　非営利組織である博物館は、その果たすべき役割と実効性が問われている。ここでは、博物館経営の目的とその必要性が、学芸員にとってどのような意味をもつのかについて考える。

1　博物館経営の目的
　博物館経営（Museum Management・Museum Administration）ということばは、これまで博物館運営ないしは博物館管理運営として使用されてきた。非営利の教育、文化組織として位置づけられている日本の博物館では、「経営」ということばが、一般に営利を目的とする経済活動をイメージさせることから、とくにこのように置き換えられてきた。
　さて、営利組織である企業の経営が製品の製造や販売、また、さまざまなサービスの提供等によって利潤を追求することにあるとすれば、非営利組織である博物館の経営は、社会のニーズに応える活動を展開し、その成果を社会的利益として供給することにあるといえる。とすれば、博物館はどのような社会的利益を生み出し、そのためにはどのような経営基礎を必要とするのか、という課題について考えることが博物経営の目的となる。

2　博物館経営の性格
　日本における博物館は、社会教育施設として主に行政主導によって設置運営されてきた。1951年に制定された博物館法にもとづいて、地方公共団体による博物館の設置が進み、とくに1970年代以降、財政的余裕によって数多くの博物館が誕生した。しかし、博物館の設置条例等に示された設置目的の多くは、具体性を欠く抽象的な内容に終始するもので占められている。
　ところが、バブル経済が崩壊する1990年代になって、日本において博物館経営という認識が顕在化してきた。その要因として、減速経済のなかでそれまでの大量生産大量消費という社会経済構造が見直される一方で、福祉・教育などのサービス経済の比重が高まる成熟化社会への転換が進み、さらに地方公共団体における行財政改革や規制緩和が加わったことなどがあげられる。成熟化社会への対応は、博物館においても例外ではなく、「なに」を「どのように」と、より具体的な形で示すことが求められるようになった。いま、博物館は何ができるのかが問われているのである。

3　博物館経営の意義
　博物館は、明確な理念や目的を掲げその実現を目指す活動を展開するために、さまざまな経営資源を有効に活用することができる行財政制度、施設や設備、また組織等の経営基礎を確立していくことが求められる。その確立への過程こそが博物館経営の必要性の原点であり、意義といえる。

（田中）

京都国立博物館の外観

島根県立美術館の外観

(引用：島根県立美術館)

高槻市立今城塚古代歴史館の外観

(引用：高槻市ＨＰ)

兵庫県立考古博物館内 「発掘ひろば」

(提供：兵庫県立考古博物館)

魚津埋没林博物館

(提供：魚津埋没林博物館)

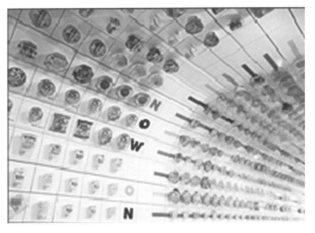

インスタントラーメン発明記念館内
「インスタントラーメントンネル」

Ⅱ　博物館経営論

2　行政制度　行政機関との関係　公立博物館

　博物館は、博物館について国や地方公共団体が定める法令や、その他の法規にもとづいた行政制度によって規定されている。ここでは、博物館を規定する行政制度の成り立ちとその内容、また、設置者であるそれぞれの行政機関との関係について考える。

1　行政制度

　法令は、国会が制定する法律と国の行政機関が制定する政令や省令などの命令をあわせていう法用語であるが、ひろく地方公共団体が制定する条例や規則などを含めて指す場合もある。博物館の行政制度を規定する法令には、法律として「教育基本法」、「社会教育法」、「博物館法」、命令として「博物館法施行令」（政令）、「博物館法施行規則」（文部省令）等が、また、「博物館設置条例」や「博物館管理運用規則」等の名称で呼ばれる、各地方自治体が制定する条例や規則がある。

　現行の博物館の行政制度は、1947年に制定された「教育基本法」と、これにつづく1949年の「社会教育法」によって博物館が社会教育施設として明確に規定され、両法を受け1951年「博物館法」が制定された。博物館法は、博物館の設置及び運営に必要な事項を具体的に定めることを目的としたもので、翌年の「博物館施行令」、さらに1955年の「博物館法施行規則」によって、博物館法の諸規定が順次整い、その後に出された法令を補充する文部省告示や、法令の解釈である関連通達等によって制度全体の整備がはかられてきた。

2　行政機関との関係

　行政機関と博物館との関係は、設置者と機構から大きく「国立博物館」・「公立博物館」・「私立博物館」の3つに分類される。「国立博物館」は、文部科学省（旧文部省）や文化庁、また各省庁により個別に設置された機構で、国立大学の附属博物館、植物園、水族館等も含まれる。ただし、これら国立の博物館群は、2001年から国の行政機構から分離され独立行政法人となった。

　「公立博物館」は、都道府県や市町村といった地方公共団体を主とし、博物館設立のために複数の地方公共団体が事業組合を組織する組合、および地方公共団体が出資した財団法人によって設置されたものをいう。「私立博物館」は、法人（公益法人）、企業、個人等によって設置されたものをいう。なお、博物館法の適用は、公立博物館と私立博物館が対象となっており、国立博物館は含まれない。

3　公立博物館

　「公立博物館」は、主として地方公共団体によって設置された博物館で、設置者によって制定された条例にもとづき、その教育委員会が所管することが一般的である。これは「公立博物館は当該

博物館を設置する地方公共団体の教育委員会の所管に属する」とする博物館法による。しかし、近年は行財政改革等により首長部局など教育委員会以外所管する事例が増加する傾向にある。(田中)

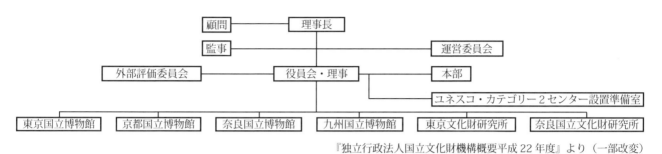

『独立行政法人国立文化財機構概要平成22年度』より（一部改変）

独立行政法人国立文化財機構の組織図（2010年4月1日現在）

行政改革推進本部事務局「公益法人制度改革の概要」（一部改変）

行政改革推進本部事務局「公益法人制度改革の概要」

Ⅱ　博物館経営論

3　館の設置及び運営に関する基準の改正　博物館法の改正

　高度情報化社会の進展、急速な高齢化、生涯学習の意識向上等によって、日本の博物館を取り巻く社会情勢は大きく変化し、また、規制緩和や教育制度改革等により博物館は大きな転機を迎えている。ここでは、今後の博物館のあるべき姿にむけた動きについて考える。

1　館の設置及び運営に関する基準の改正
　「公立博物館の設置及び運営に関する基準」（文部省告示）は、1973年、博物館法にもとづき、公立博物館について望ましい施設や設備、資料数や必要な学芸員をはじめとする運営基準を、具体的な数値とともに詳細に示したものである。
　ところが、規制緩和の動きと相まって、基準の大綱化、弾力化の促進を目指す2003年の「公立博物館の施設及び運営上望ましい基準」（文部科学省告示）によってその内容が大幅に改正、緩和された。改正前の基準は、法的な拘束力をもたず現状にそぐわない部分もみられたが、新たな博物館が設置される際に目安として一定の役割を果たしてきた。一方改正後の基準は、情報の発信や事業の自己評価等の項目が新たに盛り込まれたが、改正前にあった基準とすべき数値目標がすべて削除された。また、具体的に示されていた施設や設備については、「事業を実施する必要な施設及び設備を確保するよう努める」との文言に置き換えられ、ユニバーサル化にむけた対応や資料の保全、利用者の安全の確保等についても、それぞれの設置者や博物館の裁量に任す内容となった。

2　博物館法の改正
　21世紀に入り、規制緩和や教育制度改革に加え、現行の博物館を取り巻く社会情勢の変化を受けて、2007年に文部科学省の専門家会議「これからの博物館の在り方に関する検討協力者会議」から「新しい時代の博物館制度の在り方について」という答申が出された。本答申では、博物館に求められる役割に関する検討を踏まえ、とくに登録博物館制度と学芸員制度について重要な提言が示されている。まず登録博物館制度については、博物館法によって行政的に規定されるのは「登録博物館」でありながら、大多数は「博物館類似施設」が占めているという現状の改善を目指すものである。具体的には、現行法における外形的観点を中心とする登録基準を見直し、「経営」・「資料」・「交流」という基準を骨格とし、登録博物館のメリットを明確に示すことによって制度の促進をはかり、登録制度を博物館法の中核の制度として発展させていくことを求めている。
　学芸員制度については、「学芸員」の資質向上の必要性が打ち出され、学芸員養成科目の体系化に則った内容の見直しや資格取得単位数の拡充、大学院レベルの専門教育や博物館での一定期間の実務経験を資格取得の新たな要件として含めるなど、制度の見直しが提言されている。現在文部科学省では、博物館法の抜本的な改革を目指し、法律改正の具体的検討に入っている。　　　（田中）

1973年告示	2003年告示
【施設の面積】（第5条） 博物館（動物園、植物園及び水族館を除く。）の建物の延べ面積、都道府県及び指定都市の設置する博物館にあっては6,000平方メートルを、市（指定都市を除く。）町村の設置する博物館にあっては、2,000平方メートルをそれぞれ標準とする。（動物園、植物園及び水族館については省略）	【施設の面積】 削除
【職員】（第12条） 都道府県及び指定都市の設置する博物館には17人以上の学芸員又は学芸員補を置くものとし、市（指定都市を除く。）町村の設置する博物館には、6人以上の学芸員又は学芸員補を置くものとする。	【職員】（第9条） 博物館に、館長を置くとともに、事業を実施するために必要な数の学芸員を置くものとする。

第5条関係別記

用途別面積の基準（動物園、植物園及び水族館については省略）

用途	都道府県立・指定都市立	市町村立
展示・教育活動関係	2,500㎡	850㎡
保管・研究関係	2,500㎡	850㎡
管理・その他	1,000㎡	300㎡

※総合博物館にあっては、その性格にかんがみ、本条第1項に定める面積のおよそ1.5倍程度を確保することが望ましい。

第12条関係別記

配置学芸員の職務別人員

区分	都道府県立・指定都市立	市町村立
教育活動及び資料に関する研究を担当する者	8人	3人
1次資料の収集、保管、展示等担当する者	8人	3人
2次資料の収集、保管、展示等担当する者	1人	―

Ⅱ 博物館経営論

4　行政改革　ＰＦＩ法　指定管理者制度

　ここでは、博物館における指定管理者制度の導入と問題点について、民間企業の優れた経営システムを公共経営に適用するという NPM（New Public Management）にもとづいた行政改革と、その導入に重要なステップとなったＰＦＩ（Private Finance Initiative）について考える。

1　行政改革

　1990年代、日本ではバブル経済の崩壊によって地方公共団体の財政状況が急速に悪化し、とくに博物館は、文化・芸術関係予算の縮小および人員削減によって大きな影響を受けることになった。
　この過程で注目され、導入されたのが、1980年代からイギリスなどで行われてきたＮＰＭにもとづいた行政改革である。ＮＰＭが目指すところは、民間企業の考え方・理念・手法を公共部門に適用することで、その効率化・活性化をはかることにある。具体的な内容として、①業績・成果主義、②市場メカニズムの活用、③顧客主義、④ヒエラルキーの簡素化などがあげられている。

2　ＰＦＩ法

　ＮＰＭの主要な構成要素であるＰＦＩは、民間の資本、手法の活用によって社会資本整備をはかり柔軟で質の高いサービスを提供しようとする施策で、1992年財政健全化を目指すイギリスで導入された。ＰＦＩは、①公共事業の設計・建設・維持管理・運営を一括して民間に発注し、事業の効率を高め、②発注者は求めるサービス水準のみを示し、その達成手段を受注者である民間にゆだねる、③民間の資金を活用することによって、建設に関わる経費を大幅に軽減するという特徴をもっている。
　1999年、「ＰＦＩ法」（民間資金等の活用による公共施設等の整備の促進に関する法律）が成立したが、地方自治法における使用許可などの公権力の行使の制限が設けられていたことから、ＰＦＩ事業者が公共施設の運営を全面的に行うことができなかった。この制限の撤廃を含め、2011年に公共性の高い施設の運営権の譲渡を認めるＰＦＩ法の改正が公布された。

3　指定管理者制度

　「指定管理者制度」は、地方自治法第244条の改正によって2003年に施行された制度で、地方公共団体の議会の議決によって「指定」を受けた者に、公の施設の管理権限を期間を定めて委任するものである。これによって、管理受任者の範囲が民間事業者にまで拡大され、指定管理者が使用許可などの公権力の行使ができることになり、博物館を含めその導入が広がりをみせている。一方、博物館が果たすべきサービスの向上と経営の効率化は、博物館が長期にわたって蓄積してきたさまざまな情報、博物館を取り巻く人びと等との間で培ってきた信頼関係などによって担保されるもの

であり、期間を定めて委任される指定管理者制度とは相容れない部分がある。　　　　　　　　（田中）

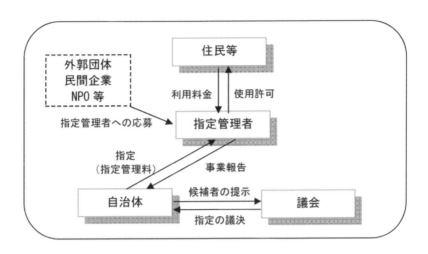

株式会社三菱総合研究所『図書館・博物館等の指定管理者制度導入に関する調査研究報告書』2010

表1　指定管理者制度の導入状況

設置者及び設置形態		直営	指定管理者制度導入館	合計	指定管理者制度導入割合
都道府県立	登録	90	22	112	19.6%
	相当	6	3	9	33.3%
市区立	登録	267	48	315	15.2%
	相当	42	16	58	27.6%
町村立	登録	39	4	43	9.3%
	相当	10	0	10	0%
組合立	登録	2	0	2	0%
	相当	1	0	1	0%
合計		457	93	550	16.9%

（文化庁「公立の美術館・歴史博物館の組織・運営状況に関する調査結果」2006）

表2　自治体種別にみた指定管理者制度の業務範囲

設置者及び設置形態		学芸業務のみ		管理業務のみ		学芸業務・管理業務両方		その他		合計
都道府県立	登録	0	0%	7	31.8%	15	68.2%	0	0%	22
	相当	0	0%	0	0%	3	100%	0	0%	3
市区立	登録	0	0%	4	8.3%	42	87.5%	2	4.2%	48
	相当	0	0%	2	12.5%	14	87.5%	0	0%	16
町村立	登録	0	0%	0	0%	4	100%	0	0%	4
	相当	0	—	0	—	0	—	0	—	0
合計		0	0	13	14.0%	78	83.9%	2	2.2%	93

（文化庁「公立の美術館・歴史博物館の組織・運営状況に関する調査結果」2006）

Ⅱ　博物館経営論

5　予算　歳入と歳出　運営コスト　入館料　補助金　寄付

　一般に施設・資料・学芸員・情報等が博物館の主要な要素としてあげられているが、これらの要素は事業経費等の予算という要素が加わることによってはじめて機能するものである。ここでは、博物館の事業計画書ともいうべき予算について考える。

1　予算

　博物館をはじめさまざまな機関ないし組織は、通常事業年度ごとに必要な経費である予算によって運営されており、その内容は、時代や社会情勢への対応、また首長の政策等によって変化する。

　予算は、歳入と歳出からなり、一般には単年度を対象として策定、執行される。国ないしは地方公共団体等が設置する博物館では、前年度に予算案を作成し、設置者である国ないしは地方公共団体等に提出し、財政担当部局の査定を経て、国会や地方議会で確定する。私立博物館では、設置管理団体が公益法人である場合は理事会や評議会、企業の場合は役員会等で確定する。

2　歳入と歳出

　歳入は、国や地方公共団体等では税金等を、私立博物館では財団等の基金の利息や運用益、補助金等を基本収入とし、これに入館料やミュージアム・ショップ等の付帯事業の売上金、後援団体等からの寄付金が加わる。歳出は、事業費、資料の購入費、人件費、管理費等である。

3　運営コスト

　行財政改革による経営的視点の導入は、博物館においてもその例外ではない。事業の実施に伴う運営コストに対しては、つねに費用対効果等を念頭においた予算の策定と執行に努めることが求められる。とくに、歳出の大きな部分を占める施設の維持・管理や、資料の収集・管理、調査・研究といった博物館の基幹業務に要する経費は、基本的に利益を生むものではなく、大部分が基本収入によってまかなわれていることに留意しておく必要がある。また公立博物館では、予算は支出内容を規定した費目のもとで策定されており、自由に執行することができないシステムになっている。

4　入館料・補助金・寄付

　入館料については、公立博物館は博物館法では無料を原則としており、私立博物館にあっても非営利の経営を基本とするように規定されている。しかし、現実には歳入確保を目指す目的で入館料を徴集するところが多い。一方、博物館活動を活発化のために、「誰にもやさしい博物館事業」（文部科学省）や「美術館、博物館活動基盤支援事業」（文化庁）等の事業も行われ、また、税制上の優遇処置を導入することによって博物館への寄付行為を促す方策もとられている。　　　　　（田中）

表1　群馬県立歴史博物館平成21年度歳入・歳出決算概要（単位：千円）

事　業　名	決算額	内　訳			左のうち特定財源	
		事業名	内容	金額	金額	内訳
歴史博物館運営	71,661	嘱託職員経費	館長他嘱託職員人件費	26,356	79	雇用保険料個人負担分
		館管理運営	施設保守　光熱水費　他事務経費	45,308	192	建物使用料他
博物館展示	46,169	常設展示	展示製作　展示品保全	2,882	21,398	博物館入館料
		企画展示	企画展開催	43,287	30,000	宝くじ収入
					49,287	図録販売収入　芸術文化振興基金助成金
教育普及活動	2,165	普及活動	博物館だより　博物館カレンダー作成	953	46,169	
		学校教育連携推進	学校向け展示見学用資料作成	205		
		体験学習	学校向け及び一般向け体験学習実施	1,007		
調査研究	4,532	資料収集管理	資料収集　収蔵品管理	2,813	432	朝日新聞文化財団助成
		調査研究活動	資料情報システムの運用　資料調査　研究紀要作成	1,719		
合　計	124,527				57,006	

（『群馬県立歴史博物館年報　第31号　平成21年度版』2009　一部改変）

表2　四日市市立博物館平成21年度歳出当初予算概要（単位：千円）

科　目	当初予算	管理運営	調査研究	展示開催	資料収集	教育普及	プラネタリュウム投影・維持管理	移動天文車維持管理
報　酬	222	222						
賃　金	7,134	3,144		1,381	2,609			
報償費	1,607		200	306	64	350	687	
旅　費	1,800	349	250	850	22	50	279	
需用費	41,033	33,561	100	4,390	284	676	1,884	138
役務費	3,877	1,732		1,600		537	8	
委託料	105,769	68,404		17,071	3,080	818	16,060	336
使用料及び賃借料	3,773	1,613			351		1,809	
備品購入費	80						80	
負担金補助及び交付金	16,830	70	15	16,700		35	10	
合計	182,125	109,095	565	42,298	6,410	2,466	20,817	474

（『四日市市立博物館　平成21年度年報』2009　一部改変）

Ⅱ　博物館経営論

6　博物館の立地と環境　博物館施設の設計と概要

　急速な高齢者社会を迎え、従来の博物館の立地、設計、施設等のあり方が大きく変化しつつある。とくにユニバーサル化は、博物館に限らず日本の社会全体に対する時代の要請でもある。ここでは、今後の博物館に求められるべき施設、設備等のあり方を中心に考える。

1　博物館の立地と環境

　日本では、設置目的や運営形態、その機能等によって、規模の大小をはじめとする多種多様な博物館が存在し、また、現在でも設置が計画されている。博物館の設置が多くみられた1970年代以降では、おもに市街地から離れた豊かな自然の中に、十分な敷地を確保した博物館建設が行われてきた。ところが21世紀に入り、急速な高齢化の進行は博物館の立地要件にも影響を与え、より利便性の高い場所に、博物館を含む各種文化施設を集約する動きが主流となっている。

2　博物館施設の設計と概要　設備の種類

　博物館施設の設計にあたっては、計画当初から開館後の経営の核となる職員を参画させることによって、博物館の設置理念や目的、具体的な資料の展示方法等が建築計画に十分反映されることが望まれる。とくに新たに博物館を建設する場合、建物のデザイン等が優先され、設置理念や目的、機能に関する議論が軽視されがちである。また、開館後のランニングコスト、施設の増築や機能更新等についても設計段階から考慮に入れる必要がある。次項に示した博物館の設備については、すべての博物館に一律に適用されるのではなく、館の特性に応じて内容や規模等が決定されていく。

3　ユニバーサル化に適応した施設　施設のバリアフリー

　ユニバーサル化（ユニバーサルデザイン）は、文化、言語、国籍、年齢、性別等の違い、また障がいや能力いかんを問わず利用できる施設、設備をいう。近年、英語併記やピクトグラムの採用が一般化しつつあるものの、さらなる拡充が求められている。バリアフリーも、ユニバーサル化の重要な要素で、高齢者や障がい者の立場に立った施設や設備の充実は社会的な要請となっている。

　とくに2006年の「高齢者、障害者等の移動等の円滑化の促進に関する法律」、いわゆる「バリアフリー新法」の施行後、バリアフリーが目に見えて進むようになった。しかし、小規模な既存施設では、予算や施設の構造等がネックとなってバリアフリーが遅れていることも事実である。

4　歴史的建造物の活用

　地域や都市を総博物館化するエコミュージアムという考えにもとづき、景観の保全をはかるとともに、改変の可能な近代建造物などの歴史的建造物を活用した博物館が近年増加している。(田中)

表1　博物館の施設

事項	施設
資料の整理・保管	<u>収蔵庫</u>　<u>技術室</u>　<u>作業室</u>　<u>荷解き室</u>　<u>トラックヤード</u>　<u>消毒設備（くん蒸室）</u> 資料整理室　撮影室　各種資料保管室　修復室等
資料の展示	<u>展示室</u>　特別展示室　<u>準備室</u>　展示ケース・演台収納室等
資料に関する集会 その他の教育活動	講堂　セミナー室　研修室　<u>集会室</u>　<u>教室</u>　<u>図書室</u>　<u>研究室</u>　会議室学習・検索コーナー 体験コーナー（ワーク・ショップ）等
資料に関する調査 及び研究	<u>図書室</u>　<u>研究室</u>　<u>実験室</u>　<u>作業室</u>　工作室　資料閲覧室等
利用者の休憩 及び安全	インフォメーション　<u>休憩室</u>　<u>救護室</u>　ミュージアムショップ　喫茶・レストラン 駐車場等
事務の管理	館長室　会議室　応接室　<u>事務室</u>　警備員室（<u>宿直室</u>）その他管理室等

※下線は「公立博物館の設置及び運営に関する基準」（1978年文部省告示）に示された施設

表2　博物館の設備

事項	施設
空調設備	冷暖房設備　換気設備　除湿設備等
証明設備	一般及び展示照明　調光装置　非常灯等
電気設備	館長室　会議室　応接室　事務室　警備員室（宿直室）その他管理室等
防災・防犯設備	消防設備（火災報知器　煙感知器　屋内消火栓　スプリンクラー等）防犯・警備設備（レーダー　電子錠　監視カメラ・モニター等）　非常放送設備　非常灯　誘導灯等
サービス設備	エレベーター　エスカレーター　ロッカー　障がい者用トイレ　授乳室等

Ⅱ 博物館経営論

7　組織と職員

　博物館組織は、博物館を設置しその運営資金を負担する設置者のもとにおかれるもので、博物館の設置目的や規模、また運営形態等によってその構成が異なる。ここでは、博物館における組織、構成員である職員、さらに博物館の根幹を担う学芸員の位置づけ等について考える。

1　館内組織と館外組織
　博物館組織は、大きく館内組織と館外組織に分けられる。館内組織は、総括責任者である館長のもとで博物館の管理・運営等の事務部門を担当する事務職員と、博物館活動の専門的部門である学芸部門を担当する学芸員によって構成されることが一般的である。また最近では、その中間的な組織を置く博物館も増加している。館外組織は、博物館協議会といった館長の諮問機関、後援会や協賛会などの名称で呼ばれる後援組織、友の会といった主に博物館利用者によって構成された団体等があり、博物館活動の支援や利用の促進に大きな役割を果たしている。さらに、博物館を活動拠点とした各種研究会等の団体が置かれている場合もある。また、館内館外の位置づけが異なるが、近年博物館のさまざまな活動を支えるボランティア組織の重要性も増している。

2　職員（館長・事務職員・学芸員）
　館長は、博物館の総括責任者であるとともに、博物館と設置者の間をつなぐ役割を担う。館長には専任館長と非常勤館長があり、とくに後者は、学術研究部門により大きな役割を担う傾向が強い。事務部門は、博物館の庶務・会計・施設管理等、さまざまな領域が包括され、博物館の規模に応じて細分化がはかられている。近年の傾向として、指定管理者制度が事務部門に導入される場合や、博物館の施設管理を分野ごとに専門業者に業務委託する場合が増加しつつある。このような管理業務に携わる職員は、館の職員との密接な連携が要求されることは当然として、来館者と接する業務では、その対応は館の評価に直接かかわる重要な役割を担っている。学芸部門は、博物館の基本的な機能である①収集、②保存・管理、③調査・研究という学術研究機能と、④展示・教育普及という生涯学習機能に対応することができる組織によって構成されている。

3　学芸員の位置づけ・研修
　学芸員は、博物館が実施する主要な事業の根幹を担う位置にあり、その役割は博物館の存立を左右するといっても過言ではない。またこのことから学芸員は、博物館の業務に関する全体像の把握、また基本的な知識の習得や資料の取り扱い等に関する技術の向上に努めることが求められる。現行の学芸員資格の取得によって対応できる領域はきわめて限定されたものでしかなく、館内外におけるさまざまな形での継続的な研修による資質の向上が強く望まれる。　　　　　　　　　　　　（田中）

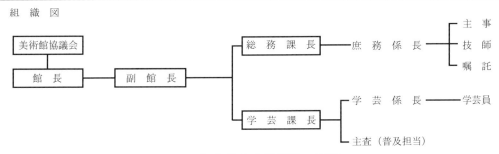

香芝市立二上山博物館の組織

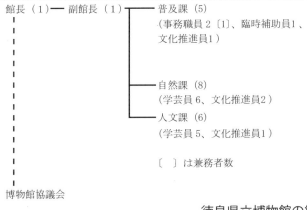

名古屋市立美術館の組織

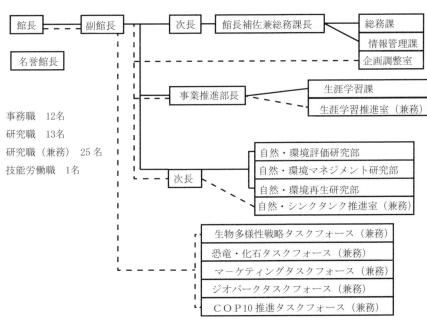

徳島県立博物館の組織

兵庫県立人と自然の博物館の組織（2010年4月1日現在）

Column

学芸員配置の基準

　教員のいない学校はありえないのと同様に、(公立)博物館では学芸員(有資格者)が必ず配置されている。博物館法第4条において、職員として館長と学芸員を置くとし、専門職員としての学芸員は必置としているからである。

　博物館法が1951年に制定されてから、1952年の登録審査基準においても、1955年の法施行基準の策定、1971年の博物館に相当する施設の登録にあたっても、学芸員の配置は明記されており、この考え方は一貫して変わっていない。

　学芸員の配置については、1973年11月の「公立博物館の設置及び運営に関する基準」において初めて員数規定に及んだ。すなわち、都道府県立博物館にあっては17名、教育活動と研究活動に対して8名、一次資料の収集、保管、研究に対して8名、二次資料の収集保管を担当するものとして1名の合計17名である。市町村立館にあっては、教育活動と研究活動に対して3名、一次資料の収集・保管・研究に対して3名の計6名として配分している。ただ、実際の業務内容からみると、このような区分は、あまり現実的ではない。

　しかし、1998年9月の国の生涯学習審議会の答申『社会の変化に対応した今後の社会教育行政の在り方について』において、「博物館の種類を問わず現行のような定量的かつ詳細な基準を画一的に示すことは、現状に合致しない部分が現れている。」として、この基準を満たす博物館がきわめて些少であるとして、現状の不備に踏み込んだのであった。

　この論調は、地方分権を進める地方分権改革推進会議に継承され、2002年10月の意見書『国の事務・事業の在り方に関する意見』において、「公立博物館や公民館の設置及び運営に関する基準については、基準を定量的に示したものとなっているが、平成14年度中を目途に大綱化・弾力化を図り、国の関与の限定化と地域の自由度の向上に努める」として、基準を細かく規定するのでなく、大綱化して地域の自由に任せるべきとした。

　つまり、当時、多くの分野で叫ばれていた「地域緩和と地域分権」がこのような形で博物館の世界に舞い降りてきたのである。これを受けて、2003年6月6日の文部科学省生涯学習政策局長通知「公立博物館の設置及び運営上の望ましい基準」が、1973年以来となる大幅な内容改定によって通知された。「その規模及び活動状況に応じて、適切な数の学芸員その他職員を置くこと」として、従来の「都道府県立館は17名、市町村立館は6名」という員数規定が撤廃された。この新基準は、学芸員の員数規定のみでなく、施設面積、保有資料数、開館日数など、数値規定のほとんどを撤廃し、正に規制緩和と自由度の向上を行うとともに、ほとんどの部分において「努めるものとする」と書き換えられたため、「数値基準」でなく「努力目標」となってしまっている。

　はたして生涯学習審議会のいうように、これまでの基準が細かい数値規定が博物館の設立を阻害し、活性化をなくしていたのか、それとも新基準の数値や諸基準の撤廃が博物館の機能と活動を低下させるのかは、今後慎重に博物館界の動向を検証していかなければならない。

さらに、2003年9月の地方自治法の一部改正によって、公の施設の管理について、民（法人その他の団体）であっても公共団体が指定するもの（指定管理者）に管理を行わしめることを可能とする、「指定管理者制度」の導入が地方公立博物館で進められている。これに対して多くの館からは、指定管理制度は経費削減の効果はあるものの、長期的展望に立脚した学芸調査活動を阻害するものとして、厳しい意見が投げかけられている。そして学芸員の立場から見れば、指定管理者制度は学芸員の身分と研究環境を不安定にする要素を多分に含んでいることから、学芸部門は公の直営を保ちつつ、管理部門のみ指定管理者に委ねる方策をとっている館園も多い。　　　　　　　　（藤原）

学芸員の勤務体制（関西大学博物館事務室）
来たるリニューアルオープンに向けて、最終調整をおこなっている

Ⅱ 博物館経営論

8　使命と計画と評価

1　博物館の理念・目的と事業計画
A　博物館の理念と目的
　博物館の経営では、博物館設立の目的や理念が重要である。博物館の経営は、理念や設置目的なくして成立するものではない。博物館法でも第2条に博物館の「定義」、第3条に「博物館の事業」の項目を掲げ、そのなすべき根本を示してはいるが、実際の経営の拠り所とするには包括的であり、公立博物館の設置条例や法人の定款に示された「設置目的」の記述も同様である。単に博物館の機能を成文化しただけの理念や目的というのではなく、博物館の独自性が表れるように、社会との関わりにも目を向けながら、博物館個々に理念（使命）を明確にしておかなければならない。「何のための博物館か」、「何に重点をおいて活動するべきか」、「何を収集し、どう活用したいのか」を理念（使命）として明確化し、博物館員や関係者と共有することが重要である。なぜなら、この理念や目的を基軸として、資料の収集方針、展示や専門研究の内容、実施事業の構成、広報宣伝、設備内容、対象とする観覧者が設定され、具体的な事業計画を策定することになるからである。

B　事業計画
　博物館経営において、もっとも避けるべきは場当たり的な事業の実施である。それは、いたずらに館員を疲弊させるだけに止まらず、博物館の蓄積を浪費し、ひいては博物館の経営を瓦解させる。博物館に帰属する業務は多岐にわたるが、博物館の根幹に関わる事業では、博物館設立の目的や理念にそって中長期的な展望を持ち、計画的に推進すべきである。それこそが設立理念の実現をもたらし、博物館経営による社会貢献へと繋がることを理解しなければならない。事業計画の構成は以下のようになる。
　①設立理念（使命）を実現する計画（柱）の設定
　②計画を具体化する課題（重点目標）の案出と中長期的目標の設定
　③課題を克服し目標を達成するための施策と具体的な短期計画（年度ごと）の作成
　設立理念と具体的な事業を有機的に結びつけ、全体として体系をもって博物館の運営を行うために、事業計画の立案は必須である。
　したがって、これら一連の事業計画は、その進行状況に応じて定期的にチェックされ、いくつかの観点から適切に評価され、評価の結果は、事業の改善、ひいては博物館経営の改善に活かされなければならない。

2 博物館評価の意義・方法・基準
A 博物館評価の意義
　博物館評価は、博物館の現状を正確に把握し、館運営の基本理念に照らして問題点を点検し、今後の目標を定め、博物館の運営を改善していく方向性を明確にすることにその意義がある。かつてのような、博物館の入館者数や入場料収入の増減によってのみ博物館の評価を行っていたのとは、その姿勢を大きく異にする。

B 博物館評価の方法と基準
　博物館評価は組織的、継続的に実施されなければならない。また、的確な評価項目や評価指標を設定し、評価結果を分析して運営の改善に活かす場を設けることも必要になる。評価の方法には、「博物館による評価」と「設置者による評価」とがある。さらに、前者は自己評価と第三者評価からなる。
①博物館による評価
自己評価
　博物館（員）が行う評価で、評価項目や評価指標の設定を館員が行う。
　最も具体的な評価が行われ、博物館運営に密着したものとなる。博物館評価の中では最も重要な評価である。
第三者評価
　博物館が行うが、来館者や他館の館員、評価団体（組織）、専門家に依頼して実施する。また、自己評価の評価内容や指導に客観性を持たせるためや、結果の検討や是正勧告の部分を第三者に依頼する場合もある。
設置者による評価
　博物館の設置者あるいは評価を主管する部局が行う評価のことで、設置者（自治体首長・理事会の長・母体企業の代表者）自身が行う事例と、外部識者による評価委員会等が組織されて行われる場合がある。設置者評価ともいい、経営評価や事業評価、行政評価とも呼ばれる。

C 評価の基準
　表1には、博物館評価の標準的な項目を求めた。評価対象とすべき博物館の活動テーマと、それに対応している具体的な事業、成果の指標となるべき項目を掲げている。表1に示した評価項目（指標）について、定量的または定性的な目標（値）を設定して達成値との比較を行う方法が博物館評価では通例であるが、評価指標の選定については博物館の独自性が表れる。その設定にあたっては、博物館の現状や実績、類似博物館の実績や動向を参考にする方法が一般的であるが、目標値の設定にあたっては、その数値の意味する内容を充分に吟味し、端的に目標を示すことができる数値を選択すべきである。
　定量的に計測可能な指標は客観性をもつが、数値化できない定性的な指標であっても、間接的に

Ⅱ　博物館経営論

定量化する試みが重要となる。アンケートを活用して観覧者の趣向を把握する方法は、定量化することが難しい内容を百分率で表現する方法が用いられることも多い。評価基準には客観的で説得力のある指標の選定が不可欠であるが、数値化が困難で極端に専門性の高い指標については、専門家に評価を委ねる場合もある。

3　評価の結果と改善計画
A　評価の結果

自己評価や第三者評価の結果は、博物館協議会や設置者に報告し、それぞれが現状を認識するとともに結果を共有し、改善に資するように努めなければならない。また、館内でも共有し、改善策の立案に取り組むこととともに、今後の業務改善に役立てなければならない。

評価結果は、博物館年報やホームページにおいて公表されることにより博物館活動への理解が広がる。評価結果は、収蔵資料や研究報告と同様に館活動のひとつの成果であり、情報公開の対象となるべきものである。2008年6月に改正された「博物館法」では、その第9条の2に「運営状況に関する情報の提供」の項目を掲げ、情報提供への努力を義務づけており、博物館における評価活動とその公開が重要であることを端的に示している。

B　業務改善の計画

博物館評価の結果は館運営の改善に活用されなければならない。評価指標の達成度に一喜一憂するのではなく、各評価項目の評価結果を継続して観察分析し、改善の方向性を検討して見極め、効果的な改善策を模索すべきである。事業評価で明確となった改善点については、当然早期に着手可能なものと、その改善に時間を要するものがある。また、博物館の重点課題や目標と、第三者による評価や改善要求とが乖離する場合があり、改善計画の策定にあたっては改善点を整理し、博物館員や関係者の理解を得て取り組む必要がある。

業務改善では、博物館側の努力がまず求められるが、業務の改善を実施できる体制が必要であるという点では、本来設置者にも多くの責任がある。業務改善が不可能な体制では、博物館評価が設立目的の達成に有効に機能するはずもなく、業務改善を行うことができる環境の保持については、設置者も第三者の評価委員会による評価の対象とすべきである。

（西川）

表1 博物館評価（自己評価）の標準的な項目

1．館組織・管理・経営責任		
ア	職員の配置　学芸員数	館員の配置　専門職員の充実　館内会議の実施
イ	計画的な館運営	基本理念と中長期的目標の共有　事業計画の立案
ウ	計画的な財政運営	予算の確保　収入増加への取り組み
エ	情報の公開	事業評価の実施　博物館運営に関する情報公開　法令遵守の運営
2．資料の収集・保存		
ア	資料の収集	収蔵資料の増加　重要資料の寄贈促進
イ	寄託資料の受け入れ	重要資料の寄託促進
ウ	適切な資料の活用	特別利用の推進
エ	収集資料と整理	資料整理　データ・ベース化の推進と公開　目録の作成・公開
オ	資料の収蔵状況	収蔵場所の確保と拡大　収蔵庫環境の維持
3．調査研究		
ア	調査研究活動の強化	調査研究活動の立案　調査研究活動の実施状況
イ	調査研究成果の公表	学術調査研究の集約　調査報告書・研究報告書の発行
ウ	関係機関との共同研究	共同プロジェクトの実施件数
エ	参加型調査研究の推進	一般者参加型の調査活動の実施状況
4．展示活動		
ア	常設展の改善と充実	展示替えの実施状況
イ	多様なテーマの企画展の実施	特別展の実施状況　企画展示の実施状況　企画展示室の使用状況
ウ	収蔵資料の公開促進	新規収蔵資料公開展の実施状況
エ	館外での資料の活用	他館への資料の貸出　移動・出前展示の実施件数
オ	展示解説事業の推進	展示解説事業の実施　展示解説書の発行
カ	常設展示リニューアルの研究	展示替え計画の進捗状況
5．教育普及活動		
ア	多様な普及事業の実施	講座講演会の実施数と参加数　参加者の満足度
イ	学校教育との連携事業	学校見学　出前事業　資料貸出数　研修会の実施
ウ	ガイドブックの刊行	ガイドブックの刊行
エ	友の会事業の充実	会員数　会員の継続と増加　友の会事業の回数
6．情報の公開と発信		
ア	積極的な情報の提供	記者発表や記事提供数　事業予定表の配布数　事業チラシ発行数
イ	ホームページ公開事業	内容の更新　新規コンテンツ数　HPアクセス数
ウ	新規広報媒体の利用	FMラジオ地方局との連携　Eメールを利用した情報の提供
エ	レファレンス利用者の拡大	レファレンス件数
7．関係機関との協働		
ア	大学・専門研究会への寄与	博物館実習やインターンシップの受け入れ　学会開催数
イ	関係博物館との連携	連携事業の実施数　情報交換事業の実施
ウ	民間団体との連携	専門職員の派遣数
8．館経営・マネージメント		
ア	職員の研修事業	専門研修への派遣数　職員意識の改革
イ	市民ニーズの把握	市民意識調査の実施　事業アンケートの実施数　結果の集約
ウ	博物館のあり方の検討	市民協働・参画形態の研究　運営支援組織の検討
エ	防災研修事業の実施	防災研修の実施　防火・防災訓練の実施　消防点検の実施と改善
オ	博物館評価の実施	目標の設定と確認　自己評価の推進　外部評価の状況　改善状況

Ⅱ 博物館経営論

9 博物館倫理（行動規範）

　博物館は社会における組織の一であり、博物館職員は博物館業務に携わる個人であり、その集団である。博物館に限らず、社会的存在である組織やそれに所属して社会的活動を行う団体、個人には、「何を目標とするべきか、目標に向かっていかに活動するべきか」が問われ、また、自らそれを問うものであり、問われなければならない。その活動が生業（なりわい）である場合には、その問い、問われるべきものを、「職業倫理」という。

1　職業倫理

　職業倫理は、国等が組織、団体や個人に与えるものではなく、それを必要とする組織、団体、個人が自ら適切に規定を行い、職業倫理規定として成文するものである。したがって、博物館倫理は、博物館自らが何をなすべきかを考え、それを明らかにすることで得られるものである。博物館は、社会や、国、地方と無縁であることはできない存在であるから、博物館倫理もまた、社会的規範に従い、各国の法律や地方の条例等の範囲においてある必要がある。

　学芸員等博物館職員が博物館業務を通して社会的役割を果たすなかで守るべきことが、博物館における職業倫理―博物館倫理―であり、より積極的にいえば、何を果たすべきか、であるともいえる。なお、今日では、「倫理」は、道徳的意味合いが強く認識される語彙であることから、「行動規範」を用いることが多くなっている。また、博物館倫理は、博物館が果たすべき社会的役割を倫理的に規定する「博物館の倫理規定」と、その役割を果たすために博物館職員がとるべき「行動規範」に分けて議論されることもある。

2　博物館倫理

　博物館倫理は、わが国の博物館においてはこれまであまり表面化して議論されることがなかった、といわれる。「博物館倫理」として自覚されはじめたのは、1986年11月4日に採択された「イコム（国際博物館会議）職業倫理規定」からであるといわれている。高らかな宣言にも似たこの倫理規定は、わが国の博物館に好意的に受け入れられ、以降、改訂ごとにより整備された倫理規定となっている。

　わが国で、博物館倫理が博物館において議論されてこなかったことには、二つの理由がある。一つには、博物館法に準拠した公立博物館やいわゆる相当施設が多く整備されてきたこと、もう一つには、博物館のありかたが博物館法や公立館設置条例に大きく依存してきたことであろう。さらに、わが国における学芸員の専門職としての地位も関係しよう。これまで表面化して議論されることなく博物館法に安住したともいえる。

　しかし、博物館法には博物館の理念や学芸員の果たすべき役割がすでに明示されており、これを乗り越える社会的要請がなかったことが、わが国において博物館倫理があまり議論されなかった理

由であろう。博物館経営に厳しい目が注がれるにつれて、博物館職員が覚醒し、博物館のさまざまな領域で、これまでの枠を乗り越えようとするとき、「博物館の行動規範」が重要となってきたのである。

3　法にみる博物館倫理

わが国の博物館は、教育基本法、社会教育法、及び博物館法によって規定されている。関連部分を抜粋する。

A　教育基本法

教育基本法は、我が国における教育の理念と目的を明確に規定している、文字通り基本となる法律である。現在の法は、2006年に全面的に改正されたもので、わずか全18条からなるので、一読をすすめる。博物館に直接関係するのは、前文と第12条である【資料1】。特に、前文においてうたわれている各項は、教育施設における教育の理念となり、その職員がなすべき教育の目的となる。この目的を達成するために教育施設が運営される、と規定している。

B　社会教育法

社会教育法は、教育基本法を受けて、学校教育法と共に教育の基本となる法律である。博物館に直接関係するのは、第1条から第3条及び第9条である【資料2】。社会教育法において、もっとも重要な点は、①社会教育とは、学校教育を除く青少年・成人に対して行われる「組織的な教育活動」であること。②国等は、社会教育の奨励に必要な方法により国民自らが生活に即する文化的教養を高めることができる環境の醸成につとめ、国民の学習に対する多様な需要を踏まえて生涯学習の振興に寄与すること。③社会教育は、学校教育及び家庭教育との連携、協力のもとで行われるよう努めること。の3点である。

ここにおいて、社会教育施設としての博物館が行う事業は、社会教育として周到な準備のもとに行われる組織的な教育活動であることが求められるものであることが明らかにされる。この点が、文化イベントや博覧イベントとの決定的な相違点であることを認識しなければならない。博物館は、これを行う施設・組織であることを忘れてはならず、倫理規定はそれを明示したものであるべきである。

C　博物館法

博物館法は、主要部分が29か条からなり、第1条から順に、法律の目的、定義、博物館の事業、職員、学芸員等の資格、博物館の設置基準、博物館の評価、登録、公立博物館、私立博物館の位置づけ、相当施設について定めている。第1条の目的を達成するために、博物館は、第2条から第4条までの各項を備え、実施する機関であり、類似する図書館、公民館とは異なるものであるとしている。第2条から第4条までは、比較的具体的に示されていることから、より具体的かつ明確に表した

Ⅱ　博物館経営論

博物館倫理規定が発達しなかったともいえる。
　私たちがうたい、守るべき博物館倫理の大枠はこれら法律によってすでに用意されているが、法律はその性格上、博物館という施設・組織・活動の望ましい基準を規定したもので、館長以下の博物館関係者の行動規範を定めるものではない。博物館倫理（博物館の職業倫理規定または博物館関係者の行動規範）とはこの点が異なるのである。

4　ＩＣＯＭ職業倫理規定

　冒頭にも記したように、ＩＣＯＭ（国際博物館会議）は、1970年に「資料取得の倫理」を発表し、「倫理規程」の完全版を1986年に発行した。最新版は、2001年の暫定版を経て、2004年10月に改訂された " Code of Ethics for Museums "（職業倫理規定）である。そこでは、ＩＣＯＭの規約に沿って、次の八つの項目に分けて博物館の職業倫理が述べられている【資料3】。（※ ethic=（特定の文化集団の）価値体系, 倫理；道徳）これは、ＩＣＯＭが博物館の最低基準を示すものであり、博物館のための倫理の声明である。
　なお、最初に成文化された1986年版については、1993年にＩＣＯＭが出版した " Museum Basics "（日本語訳『博物館の基本』1995年　日本博物館協会）として詳細に論じられている。

5　文部科学省・財団法人日本博物館協会による博物館に関する研究

　文部科学省では、生涯学習局社会教育課が主管となって博物館に関する調査研究を行っており、そのうち平成22年度「生涯学習施策に関する調査研究」において「博物館倫理規程に関する調査研究報告書」（日本博物館協会委託事業）【資料4】として、わが国における博物館倫理の現状と課題を分析し、提言を行っている。今後はこの報告書を基礎として、検討されることなろう。報告書では、ＩＣＯＭ職業倫理規定を基礎として、わが国の実情に合わせ、法律には盛り込みにくい内容を補って項目を整理し、博物館関係者がとるべき「行動規範」の必要性、対象、内容、及び制定の手順としてまとめている。以下に、報告書大項目を掲げ、理解の助けとする。
　なお、前述したように、今日では、博物館倫理とするよりも「博物館の行動規範」といわれることが徐々に多くなっており、また、この文科省報告においても、「関係者の行動の拠り所という趣旨」により「行動規範」といっている。これについては、「倫理」のもつ語感が大きく影響しているのであって、どちらをとってもかまわない。
　報告書では、まず博物館の原則として10項目を掲げ、それに対応した行動規範に盛り込むべき内容を示している。ここでは、その項目を示す。
　報告書の前文にも記されるように、この報告やＩＣＯＭ職業倫理規定を受けて、博物館や博物館団体及び博物館関係者は、実態に即して自らの倫理規程を持ち、意識・活動の向上を図り、博物館の公益性を確保するよう努めなければならない。　　　　　　　　　　　　　　　　　　　　　　　（合田）

【資料1】教育基本法

前文

　教育基本法（昭和二十二年法律第二十五号）の全部を改正する。我々日本国民は、たゆまぬ努力によって築いてきた民主的で文化的な国家を更に発展させるとともに、世界の平和と人類の福祉の向上に貢献することを願うものである。我々は、この理想を実現するため、個人の尊厳を重んじ、真理と正義を希求し、公共の精神を尊び、豊かな人間性と創造性を備えた人間の育成を期するとともに、伝統を継承し、新しい文化の創造を目指す教育を推進する。ここに、我々は、日本国憲法の精神にのっとり、我が国の未来を切り拓く教育の基本を確立し、その振興を図るため、この法律を制定する。

第12条

（社会教育）

第十二条　　個人の要望や社会の要請にこたえ、社会において行われる教育は、国及び地方公共団体によって奨励されなければならない。

　　2　　国及び地方公共団体は、図書館、博物館、公民館その他の社会教育施設の設置、学校の施設の利用、学習の機会及び情報の提供その他の適当な方法によって社会教育の振興に努めなければならない。

【資料2】社会教育法

第1条～第3条

（この法律の目的）

第一条　　この法律は、教育基本法（平成十八年法律第百二十号）の精神に則り、社会教育に関する国及び地方公共団体の任務を明らかにすることを目的とする。

（社会教育の定義）

第二条　　この法律で「社会教育」とは、学校教育法（昭和二十二年法律第二十六号）に基き、学校の教育課程として行われる教育活動を除き、主として青少年及び成人に対して行われる組織的な教育活動（体育及びレクリエーションの活動を含む。）をいう。

（国及び地方公共団体の任務）

第三条　　国及び地方公共団体は、この法律及び他の法令の定めるところにより、社会教育の奨励に必要な施設の設置及び運営、集会の開催、資料の作製、頒布その他の方法により、すべての国民があらゆる機会、あらゆる場所を利用して、自ら実際生活に即する文化的教養を高め得るような環境を醸成するように努めなければならない。

　　2　　国及び地方公共団体は、前項の任務を行うに当たつては、国民の学習に対する多様な需要を踏まえ、これに適切に対応するために必要な学習の機会の提供及びその奨励を行うことにより、生涯学習の振興に寄与することとなるよう努めるものとする。

　　3　　国及び地方公共団体は、第一項の任務を行うに当たつては、社会教育が学校教育及び家庭教育との密接

Ⅱ 博物館経営論

な関連性を有することにかんがみ、学校教育との連携の確保に努め、及び家庭教育の向上に資することとなるよう必要な配慮をするとともに、学校、家庭及び地域住民その他の関係者相互間の連携及び協力の促進に資することとなるよう努めるものとする。

第9条
(図書館及び博物館)
　　第九条　　図書館及び博物館は、社会教育のための機関とする。
　　　2　　図書館及び博物館に関し必要な事項は、別に法律をもつて定める。

【資料3】ＩＣＯＭ職業倫理規定

（1）博物館は人類の自然・文化遺産のさまざまな側面を保存し、解説し、促進する。
（2）コレクションを信託を受けて保存する博物館は社会の利益と発展のためにそれを保存するものである。
（3）博物館は知識を確立し深めるための主要な証拠を持つ。
（4）博物館は自然および文化遺産を鑑賞し、楽しみ、理解し、管理する機会を提供する。
（5）博物館の資源は他の公的サービスや利益の機会を提供する。
（6）所蔵品が由来する、もしくは博物館が奉仕する地域社会との綿密な協力のもとに行う博物館の業務
（7）博物館は法律に従って事業を行う。
（8）博物館は専門的に事業を行う。

【資料4】「博物館倫理規程に関する調査研究報告書」(日本博物館協会委託事業)

行動規範1　貢献
　博物館に携わる者は、博物館の公益性と未来への責任を自覚して、学術と文化の継承・発展・創造のために活動する。

行動規範2　尊重
　博物館に携わる者は、資料の多面的な価値を尊重し、敬意をもって扱い、資料にかかわる人々の多様な権利に配慮して活動する。

行動規範3　設置
　博物館の設置者は、博物館が使命を達成し公益性を高めるよう、財産確保、人的措置、施設整備の活動の基盤の確保に努める。また、博物館にかかわる人と収蔵品の安全確保を図る。

行動規範4　経営
　博物館に携わる者は、博物館の使命や方針・目標を理解し、目標達成のために最大限の努力行い、評価と改善に参画する。博物館の経営者は、経営資源を最大限に活かし、透明性を持ち、安定した経営を行うことで公益の増進に貢献する。

行動規範5　収集・保存
　博物館に携わる者は、資料を過去から現在、未来への橋渡しをすることが社会から託された責務と自覚し、収集・保存に取組む。博物館の定める方針や計画に従い、正統な手続きによって、体系的にコレクションを形成する。

行動規範6　調査研究

　博物館に携わる者は博物館の方針に基づき、調査研究を行い、その成果を活動に反映し、博物館への信頼を得る。また、調査研究の成果を積極的に公表し学術的な貢献を行うよう努める。

行動規範7　展示・教育普及

　博物館に携わる者は、博物館が蓄積した資料や情報を人類共有の財産として、展示や教育普及活動など様々な機会を捉えて、広く人々と分かち合い、新たな価値の創造に努める。

行動規範8　研鑽

　博物館に携わる者は、教育・研修等を通じて、専門的な知識や能力、技術の向上に努め、業務の遂行において最善を尽くす。また、自らの知識や経験、培った技能を関係者と共有し、相互に評価して博物館活動を高めていく。

行動規範9　発信・連携

　博物館に携わる者は、人々や地域社会に働きかけ、他の機関等と対話・連携して、博物館の総合力を高める。

行動規範10　自律

　博物館に携わる者は、「博物館の原則」と「博物館関係者の行動規範」に基づき活動する。関連法規を理解し、遵守するとともに、ICOM（国際博物館会議）の倫理規程や関連する学問分野の倫理や規範を尊重する。予期しない事態についても、自らの規範に照らして真摯に検討し関係者とともに解決を図る。

Ⅱ　博物館経営論

10　博物館の危機管理

　博物館には多くの危機が内在する。危機とは「危険要素」のことであり、それは「被害」となって顕在化する。その被害は、主に来館者や館員、地域住民等の人、博物館資料、その建物・施設・設備にまで及び、周辺地域との関係、博物館の信用や評判にも影響する場合がある。また、博物館の種別によって、内在する危機に違いがある場合があり、危機管理においては運営する博物館の特徴と危機との関係をよく理解する必要がある。博物館の経営における危機管理は、内在する危機を自覚することから始まる。

1　さまざまな危機
　博物館にある主要な危機をまとめたものが表1である。危機には大きく分けて、自然災害と人為的な災禍、さらに双方の要素を持つものがある。また、これらの危機が複合し、さらに多くの被害をもたらす場合もある。充分な対策をとらなかったために被害が拡大し、博物館の経営全体に被害が及ぶ場合もある。

A　自然災害
　博物館に影響を及ぼす自然災害には、地震・津波・風水害・火山噴火・雪害などがある。その規模によっては、災害が博物館だけではなく広範囲に及び、甚大な被害をもたらすのが特徴である。被害は施設・設備の損壊だけに止まらず、多くの人的被害をもたらし、博物館資料に致命的な損傷を与え、場合によっては滅失させる。また、大規模な津波や土砂崩れでは、博物館そのものの全壊も考えなければならない。人的災害とは異なり、その原因の根本を完全に除くことはできない自然災害では、博物館の建築時に自然災害による影響が最小限となるように配慮することが重要である。

B　人為的災禍
　自然災害以外の危機として人為的な災禍がある。事故や過失に起因する場合と作為や悪意により生じる危機がある。日常的に発生する不注意から、博物館資料の盗難や破壊、重要情報の漏洩など、博物館の存立を揺るがすものまで、その範囲は広い。しかし、自然災害とは異なり人為的に生じるものであるから、徹底した対策（管理）によりその危機を排除するなら、被害を最小限にとどめることができる。

C　その他
　自然災害（環境）や人為的災禍が複合して生じる危機や、博物館建築物に使用された建築資材が後に有害と判明し危機となった事例等が含まれる。また、観覧者が集合する館内がインフルエンザ

等の感染症を拡大する場となるような事例や、記者発表等の外部への情報提供の場が場合によっては危機となることもある。

2　危機に対する対策

　対策とは、基本的には危険要素を排除、または縮減することにより、被害を最小限にとどめるか、または完全になくすことを目的とする。しかし、自然災害のようにその危機の発生を排除することが不可能なものもあり、被害が発生した場合の適切な対処（法）も危機管理のなかに当然含まれる。危機に対する対策には、危険要素をあらかじめ排除する予防管理と、平時の管理、危機が顕在化した場合の危機管理（対処法）がある。

A　予防管理

　博物館の建設にあたっては、博物館に内在する危機をあらかじめ十分に把握することが重要である。予見された危機には、それに対応できる設備をあらかじめ設置することが求められる。後日の改築で万全を期すことが難しい場合があるからである。また、被災した場合の復旧や救援体制の整備も予防管理の重要な点である。以下の点を検討すべきである。
　①自然災害に対処する建物の占地や設計（耐震構造、収蔵庫の構造と位置）の検討
　②自然災害に対処できる設備（空調設備、防水、排水設備、消防消化設備、警備システム等）や備品（免震展示ケース）の設置
　③被災した博物館資料の復旧や保存処理に関する研究
　④被災博物館の救援組織の組織化と連携の確立

B　平時の管理

　博物館の危機管理では平時からの準備が重要である。危機が発生した場合には、平時に決めた対応以上のことはできない。それを充分に踏まえ、以下の点を検討し、関係者で共有すべきである。
　①守るべきもの（収蔵史資料、設備、備品、情報）の優先順位を決定
　②危機管理に対処する体制を組織化
　③内在する危機の洗い出しとその評価及び対応方針を検討
　④具体的な対応（訓練教育、予防措置、保険、危機対応マニュアルの整備、地域や関連機関との連携、災害対応物資の備蓄計画）を個別に検討し決定

3　危機が発生した場合の対処法

　危機が発生した時は、いかなる危機であってもまず「人の安全確保」が最優先されるべきである。地震では余震や津波、土砂崩れ等の二次的な危機が、時間が経過した後に現れることに配慮し、安全確保には十分に気を配る必要がある。いたずらに混乱しないよう、ルールに従って以下のような

Ⅱ　博物館経営論

具体的措置を臨機応変にとる必要がある。これらはマニュアルとして整備するとともに、関係者で共有し、具体的な連絡先や対処法を記したカードを常に携行するのも良策である。
　①初動対応（関係者の参集　状況の確認　管理体制の検討　被害拡大の阻止　避難誘導等）
　②被災状況の確認と関係機関（史資料救援組織　各種ボランティア）への連絡
　③復旧活動（復旧計画の作成　具体的な復旧活動）の実施

（西川）

表1　博物館における主な危機

危機の分類		具体的な危機
自然災害		地震・津波・風水害・火山噴火・雪害等
人為的災禍	事故・過失・故障	火災・停電・空調設備等の故障・館内事故・カビ・害虫被害・資料の損傷・食中毒・情報漏洩等
	悪意・作為	不審火・放火・破壊行動・不審物・爆破予告・略奪・盗難・情報漏洩・風評被害・職員不祥事等
その他		感染症・光化学スモッグ・アスベスト被害・情報提供の方法等

Column

神戸市立博物館と震災

　1995年1月17日(火)午前5時46分、阪神・淡路大震災発生。三宮付近は震度7の激震であった。神戸市立博物館（中央区京町24）は、旧居留地内の京町筋にあって、建物は1935年建設の銀行を改造したもの（旧館）と1982年竣工の新館からなる。

　前日まで常設展示と3本の企画展示が行われており、出品作品は地震当日そのまま展示室内にあった。ただ全く幸運なことに、展示されていた狩野内膳「南蛮屏風」は重要文化財指定への調査のため、前日の閉館後に梱包され京都へと搬出されていた。

　地震の日は振替休館日であり、駆けつけることのできた館職員は9名（常勤職員の35％）で、徒歩や車で館にたどり着いた。職員自身も被災者であった。翌日に全市防災指令が発令され、全員出務体制に入った。学芸員を含む館職員は公務員であり、即座に被災者の支援に行かねばならないが、1週間ほど館内点検・整理・記録作業ができた。その後わずかな人員を残して、区役所・避難所へ向かうこととなる。後に、学芸員は被災者救済よりも資料や作品に携わるべきとの意見を聞いたが、人の生命や安全が脅かされた場合、最優先すべき行動は何であるかは言うまでもない。

　建物は躯体自体にクラックが多数入ったが、崩壊はしなかった。最大の被害は地下部分で、液状化現象により新旧建物間のつなぎ目で不同沈下が起こり噴砂や湧水が発生した。博物館の再開には1年の長い時間を要したが、このことが直接的な原因だろう。

　博物館の展示室は、壁付きの固定ケースと可動ケースによって成り立っている。可動ケースは揺れのため移動し、脚部が折れたり曲がったりした。壁付きのケースでは2台の転倒があったが、それらは底面積の割に高さがあったものである。

　収蔵庫内では木製棚が移動したものの、資料の落下は数点にとどまった。しかし古地図等を収納していたスチール製のマップケースや棚は、揺れで引き出しが前に出て転倒したり歪み、木製棚との違いが際立った。また展示室内ではケースや展示資料が倒れたり、ケース内天井のルーバーが落下し資料を傷つけることがあった。

　被害を受けた場所や資料は、国庫からの補助によって復元された（崩壊資料は代替品を購入した）が、さらなる免震施設や高度な地震対策が施されたわけではない。地震が開館時間内に発生していれば、人命に甚大な影響があったはずである。元の姿への復元だけでは、大震災の苦い経験が活かされたとはいえないだろう。

（三好）

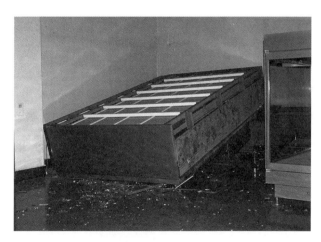

震災で転倒したケース

Ⅱ 博物館経営論

１１　利用者との関係－マーケティング－

１　マーケティング

　「博物館マーケティング」、ということばがある。博物館において経済的に（あるいはコスト上）効果的な運営が強く求められるようになった1990年ごろから多く用いられる。

　博物館学を学ぶ者、多くは学芸員や学芸員を目指す学生、にとって、マーケティングという用語自体に博物館学芸業務との乖離観を感じることや、マーケティング論を経営学的に学ぶ機会が少ないために、単なるアンケート調査の方法を示すものであると考えたり、「市場調査」と同義であると考えたりすることが少なくない。そのため、博物館マーケティングに拒否反応を起こすことも多い。これは、マーケティングの誤解から生じたものである。いわゆる販促活動などを中心とするマーケットリサーチをマーケティングであると誤解されることが多いからでもある。

　単純な英単語「marketing」には、ある英和辞典において次のような日本語訳が与えられている。

　「１ マーケティング：宣伝広告輸送保管販売などの商品の流通に関する活動全般

　　２ 市場での売買：_集合的_ 市場向け商品：市場での購入品：_米国用法_（日用品などの）ショッピング」

　つまり、マーケティングとは、生産者から消費者に至る、有償無償・有形無形の「商品」の流通に関する諸活動を指す。商品をプロダクツとしてもよいし、サービスと置き換えてもよい。博物館に置き換えると、博物館が生み出すサービスを利用者に届ける活動のすべて、とすることができる。

　マーケティングの定義は時代と共に変化しているが、今日では、プロダクツやサービスを入手する潜在的な利用者に対して情報提供（利用者は情報収集）などのマーケティング＝コミュニケーションを通じてそれらプロダクツやサービスを入手させ、マーケティング＝コミュニケーションを重ねて再利用や利用者の連鎖をうながす、という企業等提供者の維持あるいは拡大再生産の行為そのものであり、さまざまな手段が駆使されるものである、とすることができる。提供者は、企業でも非営利組織でもよい、とされる。

　マーケティングという考え方を用いる際の前提あるいは枠組みがある。

　①市場の必要性（利用者の需要）からプロダクツ、サービスが開発されること。

　②市場は均一ではなく、いくつかに区分されていると考えること。

　③マーケティング・ミックスという考え方を行うこと。

２　マーケティング・ミックス

　プロダクツ、サービスを開発し利用者に届くまでのさまざまな場面において、マーケット成功のためのツールをいかに開発し、選択し、用いるかを考える。それは、マーケティング・ミックスといわれ、今日では４Pまたは４Cといわれる大分類によって理解される。それぞれの分類に対応す

る企業活動の各場面・各部署においてマーケティングにおける意志決定が行われる、という考え方である。

4Pとは、
① Product（製品、サービス、品質、デザイン、ブランド）
② Price（価格、値引き、取引条件、信用取引）
③ Place（流通、チャネル、輸送、流通範囲、立地（品揃え、在庫等を加えることもある）
④ Promotion（広告宣伝、マーケティング・リサーチ等）
を指す。

また、これに対応して、利用者側からみた分類が4Cである。4Cとは、
① Consumer（消費者・利用者の需要・要望・要求）（または、Customer solution、Customer Valueとも）
② Customer cost（顧客コスト）
③ Convenience（利便性）
④ Communication（コミュニケーション）

これらを博物館活動に置き換えると、
①展覧会・講座・観察会・図書・グッズ販売など博物館事業とそれの利用者・購入者の要求、およびその価値
②社会的利益・運営コスト・利用者コスト
③博物館の立地やサービスを提供する場
④広報・宣伝・コミュニケーション
となる。

3　博物館とマーケティング

上に記したことからもわかるように、マーケティングは、今日の企業活動においては、その成功のための合理的なアプローチの方法として普通に行われていることである。博物館においてもマーケティングという考え方は成立するが、営利企業のそれとは、いくつかの点で異なる。

①博物館の使命が、社会的・教育的な利益を地域や利用者にもたらすことであり、経済的な収益がかならずしも優先されないこと。
②博物館の運営が、競争ではなく公益のためにあることから、公共＝地域・住民・利用者が、その運営について常に監視すること。
③博物館の運営が公益のためにあることから、利用者－対価－商品－企業－株主という単純な利益交換ではなく、国や自治体予算あるいは関係企業や有志の補助金・寄付、利用対価という収入があり、それに対して様々な博物館のもたらす利益（メリット）があること。
④提供するサービスの大部分が、無形で、博物館で行われるものであり、利用者が体験するもの

であること。

⑤そのため、利用者がサービスを受ける前に内容を知ることがむずかしいこと。

博物館関係職員のうち学芸員は、一部を除き、多くは専門研究領域を有する研究者が学芸員として職にあり、その専門研究を学芸活動の出発点に置くことが多い。博物館が提供するべきサービスの一つに正確で最新の情報を利用者に伝えることがあり、それに対しては、この出発点はきわめて有効に作用しよう。

しかし、利用者は社会教育施設としての博物館で教育を受ける、あるいは受けようとする国民・市民であり、博物館で働く人々あるいは博物館に関係する人々はなにも学芸員ばかりではない。このことは、営利企業が商品を届ける対象がそれを欲する顧客であることや、営利企業で商品を作る人々が開発研究者ばかりではなく、製造ラインであったり宣伝・広報部署であったりデザイン部門であることと、同じではないが全く異なるものでもない。営利企業におけるマーケティングにおける最も重要な枠組みである「顧客原理」・「マーケティング・ミックス」という視点を、博物館運営に導入し、つねにそれを意識することが、マーケティング手法を博物館に取り入れるもっとも大きなメリットである。

4 ブルー・オーシャンと博物館

企業活動には、新たな製品開発によって新たな市場を開拓し、競争相手のいない未開拓市場（自立的に存在し、かつ発展することが可能な非競争的な独自の市場）を獲得して他の企業の優位に立つことを、ブルー・オーシャンを獲得する、ということがある。それに対して、「血で血を洗う」競争の激しい「既存の」市場をレッド・オーシャンと呼んで区別する。従来、市場競争において成功するためにはコスト低減か高付加価値化かの排他的な二者択一であると主張されてきたことに対し、ブルー・オーシャン戦略では、低コストと消費者にとっての高付加価値は両立するとされている。

博物館は、美術館であれ、動物園であれ、歴史博物館であれ、高い公益性が期待される代償として、一定地域内の過度な競争にさらされることはないと考えられる。たとえば、各自治体ごとに設置される地域歴史博物館や、県立・政令市クラスの美術館、東京や京都、大阪などに集中して運営されるコレクションが異なる私立美術館などである。

ここで、たとえば、中規模クラスの地方美術館を例にとってみよう。

その美術館は、地方の美術の振興という使命を帯びて公共的に運営されているであろう。その美術館関係者は自らの見識と技量によって先端的で内容豊かなすばらしい企画展その他のプログラムを計画し連続して実施するであろう。そして、企画は、美術館界や愛好家から賞賛されるであろう。しかし、一地方美術館では、とくに斬新な企画が地域住民に簡単に受け入れられることはなく、館運営審議会において、経営者側から企画そのものへの批判を受けるであろう。そこで繰り広げられる議論は、地域住民によく知られた「わかりやすい」企画を実施するべきだ、というような内容である。この美術館は、そのような誰でも知っている作品を陳列する企画展を実施することで、同じ

市場で作品と顧客を奪い合う「レッドオーシャン」に自らを投げ込むことになる。博物館は、本来、公共的運営によって保証されている独占的な地位がある。わかりやすく例示すると、住民票の交付が市町村役場の独占事業であることと同じである。博物館は、その独占的地位を利用し、それに安住することなく、ブルーオーシャンを館利用者と共に悠々と泳ぐべきである。

　美術館が高い目標を設定し、これまであまり知られない過去の作家や新しい若い才能を発掘し、作家や住民との協働などにより新しいプログラムを開発することは、一見、特定の美術愛好家や一部の住民のためのことであるようにも見え、「マニア」や「オタク」のためのプログラムであるとの批判を受けるかもしれない。しかし、マーケティングの枠組みとして、市場は均一ではなく、いくつかに区分されていると考える、ということを思い起こさなければならない。

　一部の美術愛好家（いうなれば、コア・ユーザ）は、そのプログラムや作家に関するオピニオン・リーダーとして、あるいは伝道者として機能し、美術館と共に新しい地平、すなわち、ブルー・オーシャンを獲得する原動力となる。当初は、量的なブルー・オーシャンではないかもしれないが、たとえば、コア・ユーザに受け入れられる独自のプログラムは、他の利用者に独自の価値を提供すること、同じパイを奪い合う競争ではなく異質の価値を競争の俎上に置くこと、コア・ユーザが象徴するプログラムの高水準性などは、質においてすでにブルー・オーシャンを形成しているといえる。

　平板で一般性の強いプログラムが必要な場面も、もちろんあろう。しかし、社会教育施設として、設定された高い目標の元に実現された先端的なプログラムは、学芸サイドだけではなくその館の様々な側面（4P、4C）において高度な意志決定が行われることにより実現可能である。そのためには、館関係者全員がそれぞれの場面、側面において博物館が達成するべき目標実現のための意志決定に参加することが必要である。

　　　　　　　　　　　　　　　　　　　　　　　　　　　　　　　　　　　　　（合田）

Ⅱ　博物館経営論

１２　市民参画（友の会　ボランティア　支援組織）

　資料収集・調査研究・収蔵・展示という機能は、博物館を学習教唆型施設として見た場合、もっとも重要な基幹機能であることは間違いない。ただ、それは館園側から利用者に対する一方的なサービスの提供に終始しがちであり、それは「対話と連携」の基本姿勢とは言えないものである。ここで、市民と博物館を繋ぐいくつかの在り方について、市民参画をキーとして考えてみる。

１　友の会

　博物館と市民をつなぐ仕組みとして、「友の会」活動は最もオーソドックな来館者参加の形であった。来館者の中から会員を募り、一定の費用（会費）負担のもと、会員に観覧料の減免を行ったり、事業への参加に優先便宜を図ったり、ダイレクトメールなどで展示や事業等の館情報の提供を行ったりして、各種の便宜提供型のサービスを提供してきた。

　再度の来館を促し、会員活動を通じて館への様々な働きかけができるという点において、館と市民の参画と連携を担う組織であったことには違いない。

　しかし、現状では友の会活動が多くの館園で活発に行われているわけではない。全国広域から来館者層を拾える特定の館園や、コレクション群に特段の価値があって、継続的な館利用の効果が期待される館園については、確かに友の会は一定の機能を発揮している。

　多くの地域博物館はそれほど広域から会員を募ることはできず、それほど多くの会員を擁することも不可能であることから、会の財政基盤も堅固でなく、事務的業務が館園側の負担になって自立することができないなど、友の会的活動に多くの課題を抱えている。

　近年、地域博物館の広報手段は公的な広報誌によって確立されており、インターネットによる情報収集によってだれでも情報が入手できるようになった。これに連動し、近年の友の会は、単に便宜供与型のサービス提供だけではなく、ボランティア活動や、市民の参画度のより高い事業参加の形態を組み合わせて組織化することによって、博物館と一体となった活動体に変革していくことが望まれる。

２　博物館ボランティア

　ボランティアは、①強要されたのではなく自由意思による自発的参加であること。②無報酬、あるいはほとんどそれに近いこと。③活動内容が公共・学術・教育・福祉など社会の公益に属すること、以上の３点が基本原則である。キリスト教国では教会活動を通じて社会奉仕が地域ぐるみで行われてきたのに対して、民でなく公のみが公共と地域を担うシステムを育ててきたわが国のボランティアは、近年の災害復興ボランティアが急遽注目を浴びたように、ボランティア意識が未発達であったと言わざるを得ない。

ボランティアは災害時の支援活動として災害ボランティア、あるいは福祉ボランティア等があるが、このうち博物館ボランティアは教育ボランティアに属する。

　博物館ボランティアは、展示案内などのガイド活動、講座・講演会などの事業支援、展示室の監視巡回などの展示支援、ショップ等の販売支援等が多く、調査収集や資料修復・展示制作などの学芸部門への支援等もあるが、これについては、一応の経験と専門知識が必要であることは当然である。

　学芸員として博物館ボランティアと向き合う場合には、年齢層や男女差など特性を念頭に入れておかねばならない。基本的な年齢層は、女性は子育てが一応離れた40代から増え始め、50～60歳代へと継続されていく。一方で、定年以前の60歳未満の男性ボランティアは少なく、高齢化の傾向は避けられない。それでも、小畠郁生は関東圏のボランティアは定年以前の若い男性の役割が大きくなっているとして、博物館で東西差があり、東・西の博物館の市民参画度の違いを指摘した。

　ボランティアへの費用負担については、基本的に無償であるが、小額でも一定の費用支弁を行っている館園もある。しかし、ボランティアとの雇用関係はないため、事故に対する備えは必要で、最低限のボランティア保険（市民活動保険的なもの）は必要である。

　また、博物館ボランティアは教育ボランティアという性格上、参画度や習熟度・到達度に個人差があり、その点は認めていかなければならない。また、ボランティアは博物館活動への市民参画の一態であり、決して無償労働力の提供ではないことを確認しておきたい。「予算がないからボランティアにやってもらう。」のではなく、ボランティアの機動性や、予算に縛られない自由度の高い着想に期待したい。

3　支援組織

　博物館活動を支援する市民組織といえば、上記の友の会やボランティア組織は代表格であるが、それ以外にも、歴史研究グループや自然観察グループ、街ガイドグループなどその活動形態はさまざまである。組織的にもＮＰＯ法人格を取得して、自立的な財務監理システムをもつ団体から、わずか数名という小規模な任意団体もある。当然、博物館としてどのような組織にどのように向き合うかは千差万別であるが、どのような組織力や構成員数であっても、資金や事業面において、公的支配からの離脱など、方向性を持って対応し、一定の期限を定めて団体の自立性を養う努力は館側も必要であろう。

（藤原）

Ⅱ 博物館経営論

１３　博物館ネットワーク・他館との連携

　(財)日本博物館協会が文部省(現文部科学省)から受託した事業報告書『博物館の望ましいあり方』(2000年)は、「対話と連携の博物館」という副題が付けられ、21世紀における知識社会を担う博物館は、その活動指針として「対話と連携」を運営の基本として生涯学習の中核施設となるように求めた。連携の3本柱は、来館者たる市民（国民）であり、他館（施設およびその所在する地域）であり、学校である。

　もちろん、従来から連携の意味するところがなかったわけではない。市民対象の各種の事業や館園連携事業の典型である移動展も行われてきた。しかし、ことさら連携を声高に叫ばねばならない理由は、近年の行財政改革の中、従来型の館運用や事業展開において効果的・効率的な方向性を見出せない現状があるからである。

　地域で活動する博物館といえども、それほど多くの館園が親密に相互の情報を交換し、お互い「顔をよく知っているか」といえば、実はそうでもない。しかも個々の館は施設規模・コレクション・組織力・学芸力・予算規模等において、あまりにも個性がありすぎ、その個性が博物館の特性を発揮し、展示や事業を特色づけ、その個性が来館者を呼んでいたこともあながち否定できない。

　したがって、博物館が地域ネットワークを組み、相互に連携を模索することの第一歩は、個性ある互いの館園の実情を知ることに始まる。

　関西大学の所在する大阪府北部の博物館園のミュージアム・ネットワークの始まりは、吹田市立博物館が2004年度に行った、およそ淀川以北の能勢町・豊能町・池田市・箕面市・豊中市・吹田市・摂津市・茨木市・高槻市・島本町に及ぶ7市3町の博物館園の実態調査であった。その成果を各館園の協力のもとにデータを集約して、ミュージアム・マップを制作、2006年3月に刊行して一斉配布を行った。

　これは地域に該当する44館園の基礎データを拾い並べて、一枚の地図上に示しただけのアナログ発想の作業とその成果ではあったが、地域ネットワークの樹立を最もわかりやすい方法で示すとともに、マップそのものが窓口配布された。市民の博物館訪問に利用することができて、それなりの効果は発揮されたと思われる。

　ネットワークの構築に際して、最大の懸案は継続的な事業展開を可能とする財政基盤の確立と、相互の役割分担を決めた事務局部門の設立である。集まっただけでは何もできないからである。しかし、各館園の事情を勘案すると、費用分担を求めることや、事務的業務の分担をきめることは並大抵のことではなく、そのことを前提に各館園の参画を求めることは難しい。そのため、当初の会合で確認したことは、あまり固定的な役割をきめない「緩やかな連携の確立」であった。

　2007年度に至って、文化庁の主導する「地域の芸術拠点形成事業」のなかのミュージアムネットワークの構築事業に参画することによって、初めてネットワーク事業が開始された。つまり、ネッ

トワークが自己財源ではなく、外部資金を導入することによって、事業の展開を可能としたのである。事業は2007年度～2009年度まで、文化庁側の事業名称を変えつつ3カ年継続されて実施された。

　この3カ年のネットワーク事業は、継続的なものとしては、年度の事業通信誌の発行と配布、マップのデジタル版の制作やホームページの開設等の情報のデジタル化の推進があり、年次ごとの単独事業としては、共同講座・講演会・現地見学ツアー・スタンプラリーの開催があり、とくに、博物館の特別展に関連する事業も開催された。

　2009年度には、ネットワーク傘下の複数館が、共通テーマで特別展を開催し、移動展や共同開催展を行うものであった。各館の学芸員が、テーマ・資料・事業を連携して企画し、開催することによって、長期にわたり、広域性、広報性のある展示を行おうとするものであった。同時にこの仕組みの中に、市民グループの研究活動を取り込み、3市に及ぶ市民グループによる共同シンポジウムや現地見学会、展示解説ツアーを企画したのである。

　このような共同開催展示は、単独開催に比較すると格段に多くの市民の参加があり、その成果と効果は明らかであるが、準備段階の調整案件が多くあり、展示と事業の進行が複雑であって、関係館は相応の体制的な余裕をもって準備を行わなければならない。　　　　　　　　　　　　　　　（藤原）

北大阪ミュージアムネットワークの見学

Column

北大阪ミュージアム・ネットワーク

　文部省からの受託事業として財団法人日本博物館協会が行った近年の博物館のあり方についての報告書『博物館の望ましいあり方』(2009年12月)は、「対話と連携の博物館」と副題がつけられ、21世紀の知識社会における市民需要に応えるため、博物館は対話と連携を運営の基礎に据え、知的な情報発信を行う生涯学習の中核施設となることを求めた。もちろん、対話と連携の相手は、市民(国民)であり、学校(教育)であり、また、博物館園相互であり、そこには常に「地域」という共通基盤がある。

　地域圏における博物館ネットワークの事例として、関西大学博物館が所属する北大阪ミュージアム・ネットワークについて述べる。ネットワークの範囲はおおよそ淀川流域の北を占め、地域人口は170万人に及ぶ。ここには多種多様な博物館園が展開するにもかかわらず、相互の連携はみられなかったが、2004年に至って、吹田市立博物館は館の活性化の方策として、府下能勢町・豊能町・池田市・箕面市・豊中市・吹田市・摂津市・茨木市・高槻市・島本町の7市3町所在の館園実態調査を実施した。その成果に基づき、ネットワークの最初の事業として、2005年度に該当する44館園に情報提供を求めて、『北大阪ミュージアム・マップ』を制作し、2006年3月に刊行して各館に一斉配布を行った。

　マップの配布以後、財政的な裏付けがないため具体的な事業の進展がなかったが、2007年度にはこのネットワークの実体が評価され、地域の博物館園のネットワーク形成を目的の一つとする文化庁の進める芸術拠点形成事業の採択を受け、文化庁との共同事業として「平成19年度芸術拠点形成事業(ミュージアムタウンの構想の推進)」が行われた。それは、

　①「北大阪ミュージアム・ネットワーク通信誌」の刊行
　②研究事業の展開(街道を使った現地ツアー・学生による地域展・スタンプラリーなど)
　③北大阪ミュージアム・マップの改訂
　④北大阪ミュージアム・マップデジタル版の制作

の4事業で構成されたものであった。文化庁の事業採択を受けることによって、初めて実効的なネットワークが稼働したといえる。文化庁との共同事業は2008年〜2009年度に事業名が変更されつつ継承されていった。なお、2007年度には連携館園は48館に増加したが、以後、新規開館や閉館・廃館があったため多少の増減がある。

　3ヶ年の事業の内容は、見学ツアー、館園をめぐるスタンプラリー、学生による地域企画展示、地域の近代産業や伝統産業に関する企画展と講座事業等があり、これらを紹介した通信誌の刊行など、館園をネットワークで繋ぐ多様な歴史素材を使った事業が企画・実行されていった。

　3年目に至った2009年度は過去2年と方針を異にし、池田・吹田・高槻3市の各博物館・資料館が行う秋期特別展を共同で開催するもので、博物館の行う特別展を初めてネットワーク下で行おうとするものであった。

これについては、実施前年度から3館の学芸員が会議を重ね、テーマ、開催時期、展示運用、資料借用、関連事業の開催などについて協議をもったうえに、2009年度秋期特別展を移動展・同時開催展などの手法で共同開催し、その枠組みの中に3市の市民活動を組み込み、この部分について文化庁との共同事業として展開した。文化庁の採択を受けた事業は、3市の地域研究組織による共同シンポジウム、講演会現地ツアー、展示巡回を組み合わせた展示解説会等である。

　この事業の成果としては、展示観覧者と事業参加者は3市で総計13,500人を超え、講演会も定員の2倍の参加者があり、また、現地ツアーでは多数の参加希望者が抽選から外れるという事態もあり、関連事業のほとんどに従来規模を大幅に超える希望者があった。さらに、関連事業がネットワーク圏外の他府県の2市町にも及び、ネットワークがさらに大きなネットワークを生むという事態が報告された。

　計画段階では、この共同企画展は狭い地域内の移動・共同開催展であるだけに、入館者を奪い合うだけに終わらないかという消極論もあったが、その心配は見事に払拭され、48館園による一斉広報の効果、長期に及ぶ特展の開催、市をまたがる効果的な市民団体の動員、広域ツアーの実施などの地域ネットワークのもつ本質的な利点があらゆる点で表出したが、その反面、ネットワークに参画する館園が一館もない地域（市）においては、該当する参加者がほぼ皆無であったことも明らかとなり、ネットワークといえども、やはり地域に根差した館園を基幹とする人の動向が基本であることも指摘できた。

(藤原)

関西大学博物館の活動1
（国立民族学博物館において）

関西大学博物館の活動2
（国立民族学博物館において）

北大阪の7市3町、計51館が参加した一大イベント「北大阪ミュージアムメッセ」が、2013年11月3・4日、国立民族学博物館で開催された。関西大学博物館も参加し、ハンズ・オンなどを用いて教育普及活動を行った。

Ⅱ　博物館経営論

１４　博物館における連携　他機関（行政・大学・類似機関等）との連携

　博物館と大学や各級学校、類似する機能を有する機関、各種の行政機関、地域の企業と連携することは、博物館活動に新しい広がりを持たせる試みとなる。

　公立博物館との連携に限ったことではないが、地域を共有する行政と大学との間における、業務相互支援協定は盛んである。行政にとっては、大学のもつ専門知識を行政の様々な現場に活用したいし、大学にとっては、机上の学問からは得られない行政の現場からの課題とその現場対応能力を、大学教育に積極的に活用したいからである。その両方の思いが一致するのであれば、費用や公務上の職務専念義務を排除して、人材の相互派遣、会場や施設の提供、さらに知的交流等を行おうとするものである。

　さて、博物館と大学との連携に限ってみれば、大学における学芸員の養成課程において、地域博物館における館園実習が多くの館において実施されてきたため、学芸員資格の取得者のほとんどは、実際の博物館における実務研修的な実習を経験してきたはずである。さらに、これを拡充し、一定期間学生は博物館に赴いて学芸員の実務を経験するインターンシップ的な試みも行われつつある。

　もちろん、大学が歴史や文化財学の高等専門機関である限り、学芸員養成にとどまらず、様々な調査研究においても博物館との共同研究が可能であるし、また、その成果公表の場である展示事業へと直結した共同研究は、大学の研究室だけではなしえない効果を残してくれる。

　次に学校連携では、幼稚園から小中高校を連携の対象として視野に入れることができ、とくに、地域博物館は小中学校の社会科から自然や理科に至るまで、様々な科目に対応可能であるが、なかでも歴史系博物館と小学校社会科の連携は、地域の歴史素材を活用した密接な連携が行える。その場合、教材となるのは教科書でなく、該当する学年の全児童に配布される「社会科副読本」である。

　それは、内容的には地域の気候風土から歴史や地理、産業などあらゆる社会科分野を包括したもので、地域の具体的な社会資源を基準に組み立てられていて、地域の自由度が高い内容となっている。近年の日本考古学協会では、歴史教科書における考古学分野の記述の少なさを問題として取り上げているが、このような課題こそ、地域の自由度の高い「社会科副読本」が、具体的な地域資料を活用することによって、見事に補完してくれるのである。

　小学校と博物館との社会科学習におけるこのような連携は、教材（収蔵資料）の使用や、展示の活用、教材の制作、そしてワークシート・パンフレット等の補助教材の制作に至るまで、学校教員と学芸員の密接な協議を経て進められなければならない。その場合、学校教員は博物館の機能や展示・資料内容を熟知しておかねばならないし、学芸員は学校の教科書や指導内容を熟知しておかねばならない。学校連携では、教員と学芸員が相互に「お任せ」ではいいものができるはずがない。

　企業と博物館の連携でも、様々なパターンを想定できる。とくに、歴史・地理的背景をもって地域で育まれた地場産業にとって、地域の歴史博物館は自らの産業の歴史を紐解き、その発展の過程

を証明する専門機関である。同時に、博物館にとって、地域の産業は地域資料の宝庫であり、資料の所蔵者でもあり技術の保管者でもある。このように考えると、地場産業と地域歴史博物館が、相互に情報を交換し、資料の調査や保存、活用に依存し協力しあうことは、当然のことである。

私は全国の近代・現代の瓦産業への調査や取材を行ってきたが、どちらかというと既に斜陽と見られているこのような産業であっても、自らの生業の歴史が語られ、そのルーツや発展を知ることは、自らの働く意識を奮い立たせ、その中から、生産者が自ら行動を起こし、産業の継承と活性化に少なからず貢献することができる、そのようなケースをいくつか経験してきた。その場合、地域産業の歴史を語るのは、中央の学者や歴史家ではなく、地域の博物館であるべきである。

そのように考えると、地域の歴史系（産業系）博物館が地域産業や産業共同体（協同組合など）と一体となって取り組むことのできる場面はいくらでもある。はたして、博物館学芸員は地域産業フェアーにまで足を運んでいるか、そのことが最も大切なのではないか。　　　　　　　　　　　（藤原）

Ⅱ 博物館経営論

１５　地域社会と博物館　地域の活性化、地域社会との連携

　博物館は、地域社会にあってどのようにかかわっていくのか。どのように連携すれば地域社会を活性化でき、博物館も機能を果たすことができるかを考える。

　戦後の経済発展とともに国民的レベルで進められてきた余暇の拡大は、社会教育・社会体育面で施設の整備と拡充を進め、専門化を進めることによって質的レベルアップを果たしてきた。歴史教育・地域教育・文化財保護などと関連する博物館・美術館の建設や関係施設の整備はその延長線上にあり、これら館園数と利用者数の増加は、当然のことであった。

　しかし、低経済成長と少子高齢化社会を確実に迎えている現在、環境や安心・安全、健康が国民的課題となっていく社会情勢において、市民が博物館に期待するものは必ずしも大きな部分を占めないことが、近年の市民意識調査で明らかとなっている。歴史研究や地域史研究、美術鑑賞、文化財見学、自然観察等を担う、（自然・人文系）博物館の主要な活動テーマが、市民（国民）の余暇の利用や、生涯学習、自己研鑽の場として、必ずしも上位を確保できないのである。今日、市民は博物館より社会の安心安全、そして健康・年金に興味があるのは確かである。

　さらに、マスコミやインターネット情報の氾濫によって、中央文化への関心が高くなり、その半面、地域の個別文化や地域文化財、地域芸能・地域芸術などの地域の独自性の軽視が露わとなり、それによって地域の住民は、地域での帰属意識を拡散させ、希薄化させているという。

　このことは全国の博物館入館者数の減少、一館当たりの入館者数の減少に現れ、数値的に確認されるが、その結果、地域文化の担い手である地方博物館園は、予算や組織の弱体化とともに特別展や各種事業等において、徐々にその場を失いつつあると感じる博物館担当者は多い。

　このような現状を直視した時、現在の博物館は、大きな曲がり角に立たされている。博物館は今何をすべきで、将来どのような方向性をもって運営すべきかが危急の課題として問われているといえる。

　ところで、従来の博物館園は条例によって明確に使命が明らかにされており、計画を立て、その通り予算を執行し、それを漫然と繰り返してきた。条例に書かれている館の使命や機能は、すべきことを明記するものの、その効果や結果（成果）について、どのように図るかについてはほとんど触れていない。もちろん、館報や広報紙などの各種の公刊物は、年間の成果を鼓舞するものの、それは執行者である博物館からの一方的な判断で、独善的ともいえるものである。予算や事業執行について可視的であっても、その成果や効果についてわかりにくく、どうしても可視的でない部分が表れてくるのである。

　このことからわかるように、今後、博物館が地域社会や地域住民（市民）と連携を持ち、ともに歩むのであれば、あらゆる部分で館と市民の意識を共有しなければ連携は成り立たない。たとえば、地域博物館が特別展を実施しても、そのテーマがはたしてどのような地域住民の意識を反映して決

定され実施されたか、特別展がどのように観覧者に理解され、共感をもったか、どのように地域の帰属意識や産業・生業、地域の教育や文化、あるいは文化財愛護に与える部分があったかなど、その場を構成する市民が目に見える形でその成果を計り、受け入れることができるかが必要である。つまり、入口も出口も可視的でなければならない。

　突き詰めて考えると、博物館は「地域はいま何を誇り、何を求め望んでいるか、何に課題をもっているか」を真摯に受け止め、博物館の展示や関連事業に地域が何を期待し、市民に係わる問題が投げかけられているかを知ること、つまり、博物館運用における政策決定にも市民を協働参画させるとは、正にこのことである。そのためには、博物館学芸員の業務の姿勢、調査や展示の企画、テーマ性、関連事業のやり方、市民参加の対象など、常に「市民目線」なのか、という問いかけが行われなければならない。

　ただ、この市民協働参画の手法において重要なことは、学芸員だけでなく、参画する市民も企画や実施、その成果について、市民の主体性・参画度が増せば増す程、両者が相応の結果責任をもつことは明らかである。

　市民の協働参画の中で、事業の手法や進行において複雑な過程（協議や検討・調整）をふまえざるをえないし、余計に時間が必要である。市民は学芸員と違って資料の選択や厳選、取り扱いや管理・保存の技術が及ばないこともあり、ここには学芸員のもつ専門知識が必要とされる。その点において、学芸員と市民がきちっと役割分担できるかも重要である。市民・地域との協働参画において、市民と学芸員の適度な役割分担は、双方に信頼と向上をもたらすからである。そして、間違っても、入館者数を意識するあまり「視聴率の世界」に陥ってはならない。　　　　　　　　　　　（藤原）

Ⅲ　博物館資料論

銅鐸（弥生時代　重要美術品　関西大学博物館蔵）

Ⅲ 博物館資料論

1 調査研究活動の意義と内容

　博物館における調査研究活動には、①博物館資料に関する研究、②資料保存に関する研究、③博物館に関する研究がある。博物館では多様な事業が行なわれるが、これらの活動が事業を支えているといってもいい。

1 博物館資料に関する研究

　資料を活用するためには、その資料がもつ学術的価値や真贋を明らかにする必要がある。そのために学芸員は専門的な知識や科学的手法で調査研究を進めることになる。資料によっては複数の専門分野の研究者が共同で取り組むこともある。とくに真贋の判断には経験にもとづく高度な知識が求められ、外部の専門家に依頼することも多い。

　資料の研究は、資料に直接向き合って十分に時間をかけて行なわれるべきで、得られた成果が博物館に蓄積される。このような活動が研究機関としての博物館の価値をさらに高めることになろう。

　さらに個々の資料だけではなく収蔵資料を総合的に研究することで、欠落している分野が明らかになり、その後の収集計画を効果的に進めることもできる。

2 資料保存に関する研究

　資料の保存は博物館の重要な機能の一つであるが、モノである資料の劣化は避けることができない。劣化を遅らせ、できる限り良好な状態に保つための研究が欠かせない。保管のための設備や器具など、常時資料と向き合っている学芸員だからこそ得られる情報がある。

　資料の保存処理については、欧米の博物館と異なり専門の学芸員を配置している博物館は少ないのが現状である。多くの場合、専門の業者に委託されることになる。しかし今後は、保存に関する高度な専門知識をもった学芸員が配置され、博物館の現場で研究が進められるべきであろう。

3 博物館に関する研究

　資料と利用者を結びつける役割を果たすのが学芸員である。とくに教育・普及活動で資料を使用した事業を展開するとき、資料をどのように活用するのかについて教育的な効果をめざす研究が求められる。そのためには利用者の実態を把握するためのアンケート調査や、日々改良が加えられている視聴覚機器の有効性の検討も必要であろう。

　このような研究は、教育現場との交流を目的に博物館に配置された教員が担当することが多い。その教育上の効果は期待できるとしても、本来専門職員として配置された学芸員が行なうべきである。教育・普及活動の目的を設定し、資料の学術的な価値を十分に理解した上で、そのための方法を研究する作業は比較的長いスパンを要するからである。

（森隆男）

保存処理を行った資料
左：保存処理前　右：保存処理後
関西大学文学部考古学研究室所蔵　珠金塚古墳北槨出土短甲

アンケート調査中の一幕

2　調査研究成果の還元

　学芸員が行なった調査研究活動は、博物館の活動の場で利用者等に還元されなければならない。前項の「調査・研究活動の意義と内容」であげた活動のうち、ここでは資料の調査研究と博物館に関する研究の成果の還元について概説する。

1　調査研究活動の成果はだれのものか
　調査研究活動は、いろいろな人の協力を得て成し遂げられるものである。公費を獲得して行なった研究は、必ず成果の公表が求められ、社会に還元することになっている。学芸員が行なう調査研究活動も同様で、還元の場が博物館活動の中に設定されることが特色である。
　また大学などの研究機関では個人レベルの研究活動を進めることが多いが、博物館では学芸員が定められたテーマのもとに分野別に取り組み、成果が体系的にまとめられる。利用者のためにテーマが設定され、その成果は当然利用者に還元されるべきである。

2　博物館資料に関する研究成果の還元
　学芸員の主たる調査研究は、資料に関するものである。その成果は博物館活動のすべての場で還元されるといっても過言ではない。最も直接的に還元できる事業が特別展示である。
　特別展示は具体的なテーマにもとづいて展開されるが、その決定に当たっては、利用者のニーズが反映されることが望ましい。その上で学芸員が日常的に調査研究を行ない、地道な活動の成果が特別展示で公表されることになる。特別展示の開催に合わせて作成された図録は、調査研究の成果の報告書である。このような成果の還元方法は、当然のことであるが博物館の特色である。さらに詳細な検証を加えて学術論文としてまとめられ、研究紀要を通じて広く還元される。
　博物館の主たる資料である有形資料の研究成果は、そのほとんどが博物館に蓄積されている。研究紀要の発行部数も少なく、優れた研究成果が十分に活用されているとはいえない。

3　博物館に関する研究成果の還元
　博物館に求められる役割は多様化する傾向にあり、これをテーマにした研究が行なわれている。また近年は資料を利用した教育・普及活動への期待が大きい。資料に直接接しながら学ぶ教育上の効果は大きいものである。そのために資料と利用者を結びつける際に有効な方法を研究することが求められる。
　資料そのものを対象にした研究では、学芸員という「研究者の顔」が表面化する。それに対し、ここで取りあげた調査研究は、地味なものである。しかし、今後博物館がもつ可能性を創出・拡大するためには欠くことができない研究活動といえよう。

（森隆男）

Column
学芸員の専門性

　博物館がなすべき活動とは、つまりは学芸員がなすべき活動である。単純に言えば、学芸員は館が所蔵する資料を整理し、調査研究し、展示活動で示し、普及教育活動に活用することである。さらに資料に基づく研究成果をより多くの人々に広く活用されるために、書物など印刷物で公開し、また学会などで発表することである。

　神戸市立博物館はそれまでの市立考古館と市立南蛮美術館を統合し、新たな姿で1982年11月に開館した。そのために国宝「桜ヶ丘銅鐸・銅戈」をはじめとする神戸市内の考古学資料や、全国的に知られる「ザヴィエル像」といった南蛮美術の名品など、豊富な資料を開館時から所蔵していた。さらに、当時日本一との評価が高かった南波松太郎氏収集の古地図コレクションが博物館に寄贈され、資料の三本柱（銅鐸、南蛮、古地図）が揃った。多彩な資料を所蔵していたため、学芸員の構成も美術、考古・歴史、文化人類学、歴史地理（古地図）といった分野にわたり、職員体制は管理課5名と学芸課16名（学芸員10名、指導主事3名含む）であった。

　博物館にとって古地図資料は当時も今もユニークな存在である。資料の重大性から考えても専門学芸員の採用は当然のことであったが、わが国の博物館史に例がないことであった。

　学芸員の仕事は資料と共にある。資料を整理し、写真撮影やカード作り、それから分類し時代順に並べ、目録を刊行して情報公開する。古地図資料はそれまでの博物館には縁遠い資料で、資料整理作業の前例もなく、担当学芸員はそれらを手探り状態で行いつつ、古地図の館蔵品目録として年1冊ずつ、13年で刊行し終えた。それらが展示や調査研究の基となって活用されているのである。

　古地図資料の展示については、本来、館内において古地図専用展示室を設けて常設展示されることが望ましいが、当時の館内状況においては不可能であった。その代わりにテーマを定めた企画展示の形態で一般に公開してきた。1983年度の「古地図にみる寺社名所展」から2012年度の「海と大陸の「みち」」まで、古地図企画展示は48回を数える。また古地図資料を主とした特別展も6回実施し、大部のカタログも制作した。資料の調査研究とその成果発表である展覧会の実施、さらに近年では古地図に基づくワークショップも開催している。それらの活動は神戸市立博物館の一大特色で、「古地図」といえば神戸市立博物館と評価されている。

　学芸員は展覧会を企画・開催する一方、その過程で判明したことをカタログや博物館研究紀要でまず発表するべきで、あわせて学会での報告や学会誌にも投稿して、より広い範囲の人々が利用し活用できるよう努めねばならない。神戸市立博物館の古地図資料はコレクターが地道に集めたもので、名家由来の品々というわけではないが、当時の人々が目にし利用されていた地図類がほとんど網羅されており、江戸時代における地図文化の全貌がうかがえるものである。それらを博物館が収集、整理・保存し、調査研究をし、利用に供している。神戸市立博物館の活動が、古地図の保存と活用、そして研究の前進にも貢献している。

（三好）

Ⅲ　博物館資料論

3　資料の意義

　博物館資料とは、博物館で収蔵し、展示や研究、教育・普及活動で使用する資料である。博物館の活動を支える要素の一つが博物館資料であり、その質と量が活動の成否を左右するといっても過言ではない。

1　資料の性格
　実物資料を一次資料、調査や研究の成果である模型や写真などを二次資料に大別している。展示の場で見学者に情報を提供する上で両者はそれぞれ利点があり、使い分けが求められる。その点では一次資料と二次資料に優劣の差はない。しかし、実物資料であることが、一般の見学者にとって魅力であることは確かである。

2　意義
　資料は展示だけでなく研究、教育・普及活動の場で活用する。研究のためには比較が有効である。そのためには多様な種類の資料が必要になろう。また教育・普及活動の一環である体験学習に使用するためには、同種であっても複数の資料が必要になる。具体的には民具など実際に手にとって使用し、重さや感触を学ぶ学習が想定できる。いずれにしても、質と量の両面に配慮した資料収集が望まれる。

3　博物館資料としての価値
　博物館資料としての価値は、希少性や価額だけでなく学術的価値を重視すべきである。そして多くの情報が備わっていることが価値ある資料の条件である。そのためには調査と研究を通して多くの情報を収集する必要がある。とくに資料を入手する際に、できる限り調査を実施しておくことが望ましい。また資料自体も形態や材料などの情報をもっており、それを発見する際に学芸員の力量が発揮される。

4　資料群
　単体ではなく資料群として把握したときに、重要な情報を得ることがある。たとえば旧家の土蔵に収蔵されている家具や調度品は、種類や点数などの全容が明らかになることでより正確な理解が可能になる。そこに残された文書も土蔵を所有する家の歴史や資料の年代を考える上で重要な手がかりになろう。

5　感動を与える資料

　展示を通して見学者に感動を与える資料がある。その理由は多様であるが、資料の背後にある状況を知ったときに大きな感動が与えられるのではなかろうか。これは学芸員が見学者の視点で資料を見ることにより発見できる。そのためにも、冷静な眼とともに感性も磨いてほしい。　　　　（森隆男）

八尾市　旧植田家
住まいの中に残されたさまざまな生活用具を
資料群として把握すると、そこで営まれてきた
暮らしの歴史が具体的に理解できる

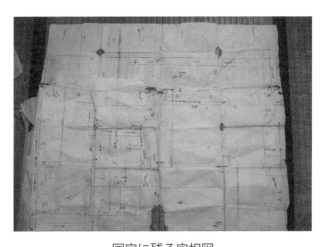

同家に残る家相図
旧植田家に残されていた家相図。同時代の植田家で
使用されていた家財道具が、土蔵に収められていた

同家の神棚上の神礼
家族の生活を守りたいとの願いが
多様な神社の神礼を一緒に祀る結果となった

4　資料の種類

　博物館の資料は一次資料と二次資料に大別できる。一次資料は実物資料であり、二次資料は調査研究の成果から生み出された資料である。

1　一次資料

　標本や剥製を含む実物資料をいう。破片で出土した土器の場合、一部に破片を使用し残りを石膏で復元して全体の形態を再現することがあるが、一部でも実物が使用されていれば一次資料に分類する。かつて人体の一部を透明の樹脂に封入して公開する企画があり、多くの見学者がつめかけた。これはプラスティネーションと呼ばれる標本の一種であるが、実物資料がもつ魅力が注目されたからであろう。

　なおガラス製の乾板やレコード盤は映像や音声の記録媒体であり、二次資料に分類すべきであるが、すでに本来の機能が期待されているわけではない。現在では歴史資料として一次資料に分類されることが多い。

2　二次資料

　資料の調査研究の過程で写真撮影や実測が行なわれ、模写をしたり拓本が取られる。考古遺物の場合、専門機関で科学的な分析を実施しデータが報告書にまとめられる。民俗資料の場合は所有者から使用方法や入手方法などの聞き書きを行い、資料台帳に記入される。これらはすべて二次資料である。

　また展示に際して、模型やレプリカが作製される。レプリカは大きさや色など可能な限り実物をまねて作られたものである。現在では、見た目では実物とほとんど区別ができないレベルのレプリカが作製されている。さらに展示資料の所在背景を理解してもらうために、実物大のパノラマや遠近法を利用したジオラマが採用されることもある。これらも資料に関する情報を提供する点で、二次資料といえよう。

3　一次資料と二次資料の間

　展示においては一次資料が優先されることが多いが、両者の間に資料的価値としての優劣はないとみるべきである。実物資料自体が多くの情報を提供するが、さらにその資料的価値を補足し、見学者に理解を深めてもらうために重要な役割を果たすのが二次資料である。

　なおレプリカは、保存のために常時展示ができない資料や、所有関係で実物が展示できない資料があるとき威力を発揮する。いずれにしても一次資料と二次資料がそれぞれの役割を果たしたとき優れた展示が実現できる。

（森隆男）

レプリカの銅鐸

左は吹田市山田で出土した銅鐸のレプリカで、右はその復原鋳造品

つまり両者とも二次資料である

滋賀県立琵琶湖博物館の挑戦

復元された台所に実物の道具を展示し、「川戸」には生きた鯉が泳ぐ

Column

民家の調査と民具の展示

　民家の研究には、建築学をはじめ地理学、民俗学、家政学など多様な分野の研究者が参加している。民俗建築学を専攻する私の調査と研究方法について紹介し、あわせて民家博物館における民具の展示にも言及したい。

　民家の調査では、まず屋敷全体そして建物の外観を観察し、そのあと建物内部の平面図を作成する。方眼紙に柱の位置を記入し、壁や建具の種類を区別しながら、それらを線で結んでいく。建築学の調査のように柱の痕跡まで記すことはないが、各部屋の呼称はもちろん、使用目的とこれに密接に関わる仏壇や神棚などの祭祀設備、家具調度品などを記入する。さらに婚礼や葬儀の際の人びとの動線など非日常時の状況について聞き書きし、その結果も記入する。

　モノ資料である民家に具体的な生活の情報を重ねることで、その地域の住まいがどのような機能をもつ空間によって構成されているか、それらがどのような秩序に基づいて配置されているかを知ることができる。また比較を通して地域による相違点や時代による変容も明らかにすることができる。最も身近な空間である住まいには、私たちを取り巻く社会のあり方や価値観が反映している。しかもそれらがホンネにもとづいている点に、住まいの研究の魅力があるといえよう。

　風土によって育まれた民家は地域によって形態が異なり、それぞれが周囲の景観と調和して美しい。それらが群をなすとさらに美しい景観を創出する。画家や写真家が民家を対象に選ぶのは、その魅力にひきつけられたからであろう。私にとってはこの点も理由の一つであるが、調査や研究のエネルギーになっているのは、民家を見たときの「なぜ」という疑問とその疑問が解明できたときの「感動する心」である。そしてその疑問を生み出すのは18歳まで眺めてきた但馬の山中の民家と、その後に出会った民家である。

　さらにその民家に住んでいる人の証言は貴重な情報で、思いがけない発見をすることも多い。たとえば福島県鮫川村で、結婚や子供の誕生などの人生の節目に寝室を変える事例に出会った。当主になると住まいの中心に位置する大きな部屋が寝室になる。家人は当然のことのように話すが、私には驚きであり、寝室が住まいの秩序の基準になるとの結論をまとめた。

　民家の調査はプライベートな生活の場が対象になる。住んでいる人に調査そのものを断られることも少なくない。目的をしっかりと説明し、理解と同意を得て初めて実施できることになる。コミュニケーションの能力を高める場になることも付け加えておきたい。

　さて民家を移築した博物館には、その民家で使用されていた民具が展示されていることが多い。台所には調理具や食器、寝室には長持ちなどが展示されているはずである。あるべき場所に民具が展示されることは、見学者が住まいと生活を具体的に理解できる点で有効である。しかし江戸時代の民家が復元されているのに、そこに展示されている民具が明治のものであると間違った情報を提供していることになる。民家に民具を展示するためには厳密な検証が必要であるが、民具の使用年代を明らかにすることは時代が遡るほど困難である。滋賀県立琵琶湖博物館では昭和30年代のあ

る日に時間を設定し、その上で民具の展示がなされており評価できる。民家や民具に関する研究の積み重ねが、博物館の正確な展示を可能にするといえよう。　　　　　　　　　　　　　　　（森隆男）

兵庫県養父市の3階建養蚕民家

養蚕民家の2階

油絞り器

中世の絵巻に登場する油絞り器の形態を伝える資料

この資料の面白さが見学者に理解してもらえるか

滋賀県立琵琶湖博物館の展示

展示の時代を厳密に設定した上で展示された資料

5　資料化の過程

　博物館の資料として重要な条件は、その資料に関わる豊富な情報があり、モノと情報が一体となっていつでも利用できることである。そのためには収集や整理の段階で、その後も、情報が蓄積されていくシステムの整備が求められる。

1　資料化とは

　資料と1人の担当学芸員の関わる期間は、長くても在職中の30年程度である。しかし資料は永年にわたって博物館で所蔵され、この間学芸員の世代を越えて、複数の分野で活用されることになる。そのためには資料に関する情報が共有化され、学芸員がいつでも取り出すことができるシステムの整備が必要である。資料化とは、収集から整理・保管までの作業を通して資料であるモノとその情報が一体化されて、いつでも利用できる状態にすることである。博物館の資料と、いわゆる「骨董品」との大きな相違点はここにあるといえよう。

2　資料が豊富な情報をもつためには

　一般的に資料に関する情報が収集しやすいのは入手時であろう。所有者から聞き書きをしたり、採集時に観察したりするなど、学芸員が直接情報を収集できるからである。その際に重要なことは、その資料の活用まで視野に入れて情報を収集することである。博物館に搬入後整理を進める過程で、資料を詳細に観察して気づいたことを資料カードに記入していくことも求められる。さらに担当する学芸員に変更があっても、新たな情報が入手されれば追加していくことが必要である。このような作業を通して、資料に関する豊富な情報が蓄積されていく。豊富な情報は資料の活用範囲を広げる。収集後に進められる資料の調査研究の成果が、展示や講座などの場で活用できるからである。

3　情報の収集と整理の実際

　資料カードへの記入や、近年一般的になってきたデータベースへの入力は、あらかじめ設定された項目欄を埋めていく作業になりがちである。たとえば民俗資料については、かつて文化庁が示したサンプルのように、名称や呼称、分類番号、使用目的、使用者、使用年代、製作方法など約30項目があげられている。当然であるが、これらの項目を最初からすべて埋めていく必要はない。確かな情報を確実に記入・入力すればいい。またこれらの項目以外に、気になる情報や知見が得られたならば、躊躇せずに記録すべきである。なお後日明らかになった誤った情報は、もちろんその時点で訂正する必要がある。

　このように、博物館の資料が活用できる価値ある資料になるためには、長期間にわたって世代や分野を越えた複数の学芸員による共同作業が求められることになる。

（森隆男）

民俗文化財調査カード		収蔵番号	
名 称	呼 称	分類番号	
種 別	立地 階層	整理番号	
調 査 地		調 査 年 月 日	
所 有 者	TEL		
使用目的			
使用方法			
使 用 者 職業	氏名	年齢	男・女
使用年代・変遷・分布・由来・その他			
禁忌・俗信			
製作方法・材料			
製 作 者 職業	氏名	年齢	男・女
製 作 地			
製作年代・変遷・その他			
禁忌・俗信			
墨 書 銘			
採集の可能性	有・無		
備考			

ネガ番号	図面番号
収蔵場所	
略図・部分名・寸法・角度 など	
調査者氏名	

民俗文化財調査カード

6　収集の理念と方法

　博物館・美術館・資料館では、それぞれの館の設立にあたっての経緯や目的にしたがって、積極的な資料の収集が必要である。博物館は単に展示ケースと展示スペースを持った貸し会場ではない。
　規模が大きく歴史もあり、設立時から豊富な収蔵品を持つ博物館・美術館においても、継続的な調査・研究によって収蔵品の増強がはかられているのであり、資料の収集は博物館にとって展示と並ぶ重要な活動である。
　特定の作家などのコレクションを持つ美術館においても、作家の埋もれた作品を見出したり、関係資料を収集することはコレクションの内容の充実とともに、学問的な研究につながり大いに進められるべきものである。
　1980年代以降増加した自治体による地域密着型の歴史系博物館・資料館、美術館では、設立時に十分な収蔵品を持っているところは少なく、日常業務のなかで、積極的な収蔵資料の収集が課題となってくる。また、地域のなかで、住居の建て替えや都市整備で、歴史資料は廃棄されることも多々あり、こうした文化財の保護と次世代への継承のためにも学芸員は積極的に地域の状況を把握しておく必要がある。
　収蔵資料の増加は、展示活動の活性化にもつながり、博物館の活動として重要なものである。他館から有名な作品を借用して並べることが博物館の役割ではない。それぞれの館の収蔵品を中心に展示計画を立て、その成果が地域社会の文化、歴史認識の育成になることを考えなければならない。
　近年の経済不況に起因する自治体などの予算削減によって、博物館も独立行政法人化や民営化、外部委託が進められ、入館者数ばかりが評価対象とされ、学芸員の仕事もイベント業、興行のように考えられがちである。博物館の機能を単純に娯楽施設のように考える傾向は間違っている。
　博物館の本来の業務は、一般の人々が知らない文化遺産を見出し、研究してその成果を人々に問うものである。様々な資料を収集することによって、既存の価値観を乗り越え、新たな文化的価値を紹介し、次世代に継承していくことが責務といえる。むろん、多くの市民が楽しみ、理解できる活動を行うことは言うまでもないことであり、魅力ある展示を行うためには収蔵資料の充実は不可欠のものである。展示のみならず講座や体験学習などに活用することができる資料も計画的に収集していくことが必要である。
　資料の収集には購入・寄贈・寄託などの方法がある。購入については、高額の売買もあり、資料の真贋や盗品でないかなど、十全の調査が必要である。購入にあたっては法的な問題がないことを確認し、適正な価格をもって入手することが望まれる。
　寄贈・寄託は博物館の性格に照らして、ふさわしい資料であるかを調査・研究してから受け入れることが大事である。また、収蔵品の充実のため、関連資料を事前に調査し、所蔵者に対して寄贈・寄託の依頼をおこない、計画的に資料収集することも必要である。

　　　　　　　　　　　　　　　　　　　　　　　　　　　　　　　　　　　　　　　（原田）

古典籍売り立て目録

資料の整理

Ⅲ 博物館資料論

7　資料の収集から登録

　ここでは自治体の設立になる歴史系博物館を例にとりながら、資料収集の事前調査、手続きなどの実際を紹介していく。

1　収集

　資料の購入にあたっては、慎重な調査・研究のもと、その資料が本当にその館にとって必要なものかを吟味して購入することが望ましい。いたずらに有名な作品、高額な資料を求めるのではなく、当該館において活用されるものであるか、地域にとって必要なものであるかの検討が必要である。学芸員は購入前に資料の伝来過程、真贋を十分検討して調査研究を進めておくことが肝要である。

　一般に購入にあたっては、館外の有識者を交えた評価委員会を開き、資料の価値・値段を検討した後、購入の手続きがとられる。悪質な業者や不透明な仲介による個人コレクションの購入はトラブルを招きやすいものであり、十分な注意が必要である。

　寄贈については、市民からの申し出を受ける場合が多いが、この際に注意しなければならないのは、資料の真贋はもとより、伝来の経過、不法な形での取得、所持品でないかなど、慎重な調査が必要である。書画・刀剣など美術品の寄贈にあたっては、市民個々人の認識では、価値あるものとされていても、贋作、複製品など問題のある資料も多く、相手の感情も考慮しながら慎重に調査・検討することが必要である。

　資料の寄託については、寄贈同様の配慮が必要であると同時に、資料がおかれている状況を調査して、保存と活用の観点から寄託を所蔵者に願う場合もある。地域の資料を散逸、隠滅させないということで、積極的な対応が必要な場合もある。

　市民からの寄贈・寄託依頼については、快く対応することはもちろんであるが、現実問題として博物館の収蔵庫の容量には限界もあり、家屋や土蔵の建て替えなどの際に、大量の民具などの寄贈・寄託を申し出を受ける時もあるが、資料の内容を精査して対応することが望まれる。むやみに寄贈を受けると、収蔵庫が一杯になり、館の機能を低下させてしまうことにもなる。また、同種の資料が重なると展示に活用することもできず、死蔵することになり、せっかくの市民の善意を生かすことができない。何を寄贈・寄託してもらうかの選定は学芸員の仕事として大事なことである。

2　登録

　寄贈・寄託にあたっては、事前調査の後、資料1点ずつに調書を作成していく。古文書など大量の場合は、便宜上点数で表示する場合や民俗資料などは関連資料一括で表示する場合もあるが、もとの所蔵者と正式な公文書を交わして、寄贈・寄託の意思確認をしておかねばならない。寄贈の場合、財産権に関わることもあり、法的にもきちんとした処理が必要である。寄託の場合は館によっ

て差異はあるが、毎年、あるいは3年毎など期限を区切って更新契約をして所蔵者の意思確認をしておく必要がある。

　一般市民のからの寄贈・寄託の場合、絵画・古文書・民具など、もとの保管場所が良好とはいえず、虫やカビによって汚損している場合が多い。このため、資料を搬入する場合は、直接、収蔵庫に入れてはならない。かならず、一時置き場で状態を確認して、一時保管庫などで管理し、燻蒸をおこなうようにする。その後、状態を見てはじめて収蔵庫に入れることになる。　　　　　　　　　（原田）

燻蒸釜（吹田市立博物館）

虫損を被った資料

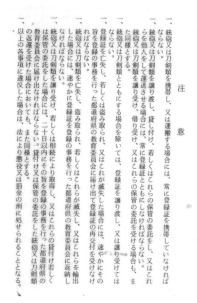
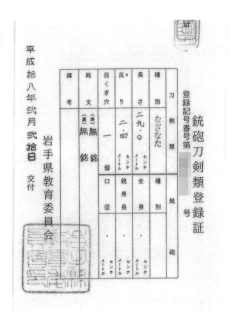

刀剣の登録証

Ⅲ　博物館資料論

8　受入れ手続き

　購入・寄贈・採集・発掘などの理由で博物館に入った「モノ」は、受入れ手続きを経ることによってはじめて博物館の資料となる。ここでは受入れの事務処理や登録の仕方、資料を収蔵庫に保管する際の留意点などを考える。

1　受入れの事務処理

　資料が博物館に到着すると、博物館に受入れるための手続きがとられる。まずは受入台帳（受入記録）を作成し、到着時の状況を記録しておく。受入台帳の記載項目は、受入番号・受入年月日・受入れの性格（購入・寄贈・採集など）・名称（資料名）・点数・購入先（原蔵者・採集地）などである。受入番号は資料の種類を問わず通し番号にし、「2012-321」などと表記する。受入れの際には、博物館内にほこりや害虫が侵入するのを防ぐために清掃・燻蒸を行う場合があり、資料の劣化を防ぐために保存処理を施す場合がある。これらの事実も受入台帳に記入する。受入台帳は博物館に何がどのように入ってきたのかを把握するための記録であり、資料の寄託・借用などに伴うトラブルを防ぐためにも、万全の記録を残すことが求められる。

2　登録

　受入れ手続きが終わると、資料の登録作業に移る。登録台帳（資料台帳）に資料のより正確な情報を書き込んでいくのである。このため、登録に先立ち、資料の来歴・性格などを調査する必要がある。登録台帳の記載項目の例は次の通りである。

　登録番号
　名称（資料名）
　点数
　分類記号
　受入れの性格
　購入（寄贈・採集など）年月日
　購入先（原蔵者・採集者など）
　保管場所・備考

　登録台帳は資料の戸籍簿のようなもので、博物館にどのような資料が存在し、いつどのようにして登録されたのかを知るための基本台帳である。資料の登録は博物館の財産管理の一環でもあるので、万一の紛失・破損などに備えて、資料の評価が必要な場合があり、そのために第三者・学識経験者による評価委員会が組織されている。

3 収蔵

　登録の終わった資料は収蔵庫に収納される。収蔵庫は資料を保管する施設で、火災と盗難の被害から守られていることが大前提である。収蔵庫内は資料の損傷・劣化を防ぐために、温度と湿度が厳重に管理されている。

　一般的に温度は18〜20℃、湿度は50〜60％が最適とされるが、金属器・陶磁器などは低湿度、出土木製品などは高湿度が最適で、資料の種類によって異なる場合がある。

　このほか、ほこり・害虫・光線などの被害を防ぐため、収蔵庫に保管する前には資料の清掃・燻蒸を行い、資料には直射日光をあてないようにする。また地震対策として、棚からの落下を防止するストッパーなどを設ける必要がある。　　　　　　　　　　　　　　　　　　　　　　（西本）

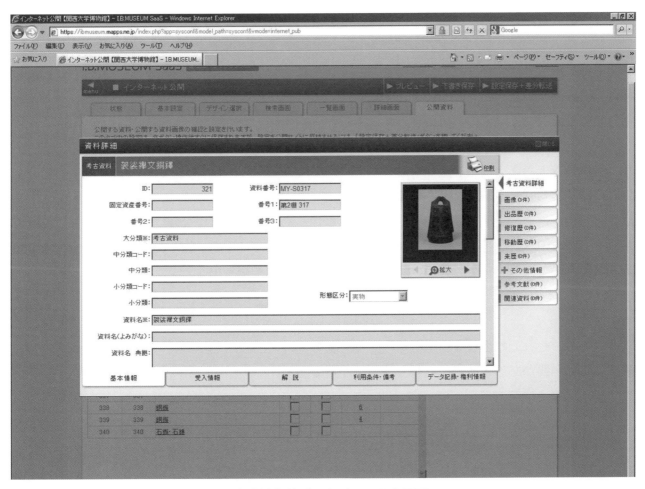

関西大学博物館データベース入力画面

9　収集記録の方法（カードやデータ化、写真、図、採寸）

収集資料は、資料のさまざまな活用のために、受入れ時の情報や調査によって得られた情報を、文字や図、写真などさまざまな手段により記録しなければならない。現在、こうした情報はコンピュータによるデジタル化が進んでいる。

1　資料の情報記録

収集資料の情報は台帳やカードに記録される。記録には受入れ時の情報や受け入れ後に調査した資料そのものについての情報が記載される。新たな調査などで得られた情報は随時加えられ、博物館の共有財産として充実したものになる。

2　収集過程を記録する

資料に番号を与え、いつ、どこで、だれが、どのような方法で博物館に収集したかを記録する。受入番号、資料名（名称・呼称）、員数、収集年月日、受入年月日、採集地（制作地・受入先）、受入方法、破損、汚損状況などの現状を記載する。資料の来歴も資料の価値を高める重要な情報である。収集時に採寸、写真撮影を行うこともある。

3　資料のさまざまな情報を記録する

資料に関するさまざまな情報を、観察を通じてみつけ、いろいろな方法によって記録していく。品質、形状、材質、技法、構造、用途、法量、重さ、彩色などの情報を確認してカードに記録化していく。資料の状況を正確に把握し、克明な記録を残すために写真、図、拓本、動画、録音などさまざまな方法で記録を残していく。調査者、記録の記入者も記入する。

4　採寸

資料ごとにそれぞれ必要な箇所を採寸する。どの部分の法量がその資料に対して重要なのかを把握しておく必要がある。精密な実測図は別の作業である。

5　写真

写真は形状を記録するには最も簡単な方法である。また、色彩の記録にはカラー写真は有効である。資料の整理にも必要であり、適切に整理、管理され、将来にわたり永く保存されなければならない。撮影には角度を変えたり、細部を拡大するなどさまざまな情報が入るように必要なカット数を撮影する。

6　デジタルデータ化

　資料の情報管理は冊子やカード形式が多いが、資料の公開、検索の容易さからデジタルデータ化が進んでいる。そのためには情報共有を意識した書式であることを配慮することが望ましい。また、コンピュータの故障によりデータが瞬時に消滅してしまう恐れも皆無とは考えられないため、バックアップの必要性とカードの併用を行っている館が多い。今後ますますコンピュータのネットワーク利用は重要になる。

（藤井裕之）

美術工芸の資料カード(表)

（吹田市立博物館）

同カード(裏)

資料調査カードと収蔵台帳にも利用できる

10　二次資料の作製（模型・レプリカなど）

　博物館資料は実物資料の保護のため複製品を製作して展示、研究、教育普及活動などさまざまな博物館活動に活用される。なかでも、展示の意図を実現させるために模型などとともに作製されることが多い。いずれにせよ目的意識をもって製作することが大切である。

1　複製（レプリカ）の作製

　資料は劣化、消失しないように複数存在することが望ましいが、現実は唯一の存在である場合が多い。そこで、博物館では経年劣化して移動や展示が困難な実物資料に代えて複製を製作し、展示する場合が多い。複製資料は設置が自由で、触れることもできるため、さまざまな展示方法が可能である。複製は資料の現状を忠実に再現するものでレプリカといわれている。立体的複製と平面的複製があり、立体的複製の製作はシリコンゴムなどで型をとり、型に合成樹脂などを流し込む。忠実な彩色を施す。客観的で法量、形状の正確さを得ることができるが、同一素材を用いることはできない。また、型取りの際に直接資料に触れるため資料保存の観点から危険が伴う。資料が脆弱であったり、滅失、破損により型がとれない場合は、資料を詳細に計測したり、写真を利用したり、資料を三次元実測し、そのデータを元にＦＲＰで製作する方法もある。

　絵画、書などの平面的複製には写真撮影したものを和紙や絹、木板などに焼き付けて製作するものがあり、精緻な複製が可能なコロタイプ印刷がある。デジタル技術を用いてデータを取り込み色彩補正し、印刷する方法も普及しているが、デジタルデータの流出などデータ管理が重要である。

2　模造・模写

　模造は資料を復原的に再現するもので、同一素材を用いて製作当時の技術を復元し、製作工程そのものの記録を得るとともに、復元的に再現する展示や構造や作り方を説明する展示などに有効である。平面的な実物資料を忠実に写す模写は、実物資料の上に和紙や薄絹などを重ねて実物の原状を模写するものと、製作当初を推定復元するものがある。複製に対して資料の客観性は劣る。

3　模型

　模型は複製と異なり、資料を客観的に正確に記録するのではなく、推定、復原などの考察を加えることが可能である。製作の主たる目的は展示にあり、展示の指針に基づき製作される。拡大、実寸大、縮小と縮尺を自由にして、資料の形状、機能などの特徴的なものをクローズアップしたり、立体的な展示品を提示したりすることで文字や図では理解しにくい資料の解説に活用できる。また、資料に触ることも可能である。建造物や景観の再現や科学の原理を説明する装置には動くことで理解の助けとなるものもある。

（藤井裕之）

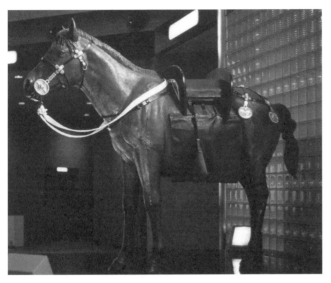

復原古代馬模型と新芦屋古墳出土馬具復原レプリカ
（吹田市立博物館）

新芦屋古墳出土馬具の復原レプリカを古墳時代の馬の実物大模型に装着している

馬体の製作には大阪府日下遺跡出土馬骨から復元した骨格・馬体で国内在来馬と比較して最も近似している宮崎県都井岬に生息する天然記念物御崎馬をモデルにしている

過書船復原模型（縮尺25分の1）（吹田市立博物館）

絵画史料などを参考に、江戸時代後期の三十石船を推定して製作

顕如上人御消息複製（吹田市立博物館）

Column

修復と複製、模型『博物館資料論』

1　複製（レプリカ）技術を用いて修復する

　実物の考古資料の修復は、まずは保管用に脆弱な部分を補強する。そして、調査報告書を作成するための写真撮影用に欠損部分を補填して彩色する。しかし、展示に供する資料は360°の補填と彩色、長時間での安定性や強度の確保といった、多くの作業を必要とする。さらに、資料に大幅な欠損があり、補填に相当な表面積を補う部分は複製品（レプリカ）の製作技術が流用される。

　ここでは展示用に修復を行った大阪府萱振1号墳出土の靭形埴輪を例にとる。資料は164cmと大きく、重く、突起箇所が多く不安定である。展示は上下、360°からの鑑賞が条件となる。

　修復は清掃・クリーニングからはじまる。報告書用に補填された石膏、水彩絵の具を除去する。その前に、後の補填に使えそうな石膏の立体形を写し取る。ここで、レプリカの技術が生きる。つまり、現物を錫箔で保護してシリコンで雌型を作り、樹脂を流し込んで雄型を用意する。石膏が樹脂に置き換わって強度が増し、柔軟性をもち、重量も軽減できる。

　欠損が大きい場合、FRPの芯材をあてて固定する。実物残存部を錫箔で表面を養生して、欠落する輪郭部分を形作った粘土原型をつくり、そこから樹脂製雄型をおこす。取り付け、実物の破片が入る部分をくり抜き、それをはめ込むという手順をとる（図参照）。報告書作成時の復元担当者などとともに検討を加え、石膏という材料的な制約から形状を細かに表現できなかった部分の微修正も加える。

　ところで実物の埴輪が持つ鰭部裏側の突帯の剥離痕情報などは、エポキシのような強力な接着剤を用いると完全には外せない。そこで必要とあれば溶解して、再度分離して観察できるものを使う。大きな埴輪なので、樹脂だけでは軽すぎ、思いの外に軽いことも運搬の際にかえって危険である。運搬時の違和感をなくし、展示中にも安定力も増すように、基底部にウエイトを埋め込む。

　樹脂生地の完成後、必要なら周囲の実物となじませる色調の彩色を施す。ただし、実物と見分けがつきにくいか、その区別が直ぐつくのかは展示目的で判断が変わる。ここでは後者を採用した。

2　建築物と同じように模型をつくる

　模型は3次元で様々な角度から情報を総合的に表現して多様な展示を助ける。オーソドックスな模型は建築物である。現在でも、実際の建築実施前のミニチュア模型や自動車の概観のクレイモデルのような検討物などを作り、意匠や周囲との環境、機能を検討する。2次元のCGはその絵を作る製作者の意図が多く反映されるので、実際に3次元模型を作ると面が合わない場合がある。製作時にはじめて抜本的な表現修正が加えられることがある。周辺地形が入るとなおさらである。ここでは、大阪市四天王寺の寺院伽藍の1/100復原模型製作を見てみたい。

　この展示意図は四天王寺をそのまま再現するのではなく、飛鳥時代の全般的な寺院建築情報を一堂に観察できることに重点をおく。模型ではそれに伴った細かな設定を行う。特に、建築模型はパー

ツごとの設計、そのアイテム数と使用数量、附帯数の把握が先行する。具体的にわかる瓦の色彩表現、鴟尾などのデザイン、風鐸や立像、石灯籠など、極力、時代を反映する要素を最大限に盛り込む。そのため、模型パーツの資料調査は必要不可欠である。

決定後はパーツの型抜きや一点づくり、建物や門を組み立てる。一旦は、工場で仮組みして最終検討を行うが、その後、博物館の搬入口と展示造作にあわせて、解体し、展示室内で伽藍を組み立てて設置する。この模型は解説に伴う装置を内部に組み込まずに、手前のタッチモニターで関連情報を見ながら、それに連動させて上部から該当箇所にスポットライトを照射するなどした。　　　　　　（一瀬）

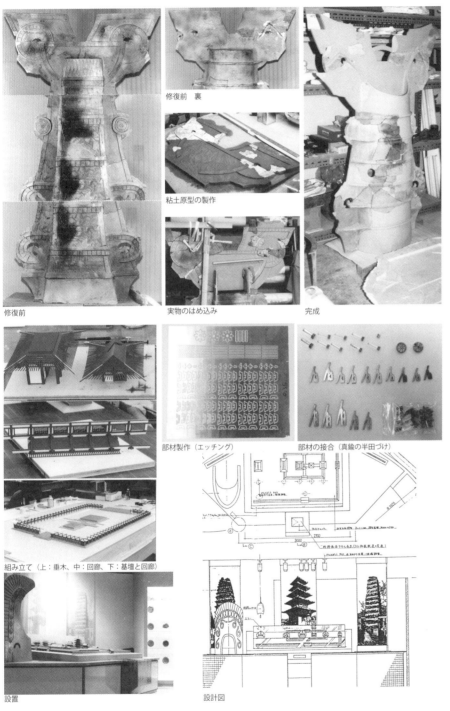

萱振遺跡靭形埴輪の修復（上）
四天王寺復原模型の製作（下）

11　人文系資料の鑑定、分類と整理

　人文系資料とは、自然科学・理工系に関する資料以外のものをいうが、館により異なり、多種多様である。およそ歴史系博物館と美術系博物館（美術館）が取り扱うすべての資料と理解すればよい。

1　人文系資料の鑑定

　歴史系博物館では、普通、考古学、文献史学、民俗学、民族学などで扱う資料を蒐集し、展示し、保管する。一方、美術館が取り扱う資料といえば、主として建築、絵画、彫刻、工芸品（金工、漆工、陶磁、染織、ガラスなど）、書跡、写真、デザインなどであるが、歴史系博物館の資料と重なる場合が多い。同じような資料でも、歴史的意義や価値を重視するか、美的価値や芸術性に重きを置くかによって、分類と整理、展示の仕方は異なる。また現代美術では、素材がいろいろあり、複合的に使われることが多く、古美術と違って資料（作品）を分類することは難しい。大型の作品の保管にはかなりの空間を必要とする。

　博物館・美術館における資料（作品）の調査と研究は、資料の蒐集、展示、保存、教育のすべての活動の基盤となる。学芸員の重要な業務である。人文系資料の蒐集で、まず問題にしなければならないのは、資料の真贋（本物か贋物か）を見極める「鑑定」である。鑑定（鑑識）の能力はすぐに身につくものではなく、相当な時間がかかる。鑑識力を高めるためには、学芸員はいろいろな業務を行う中で、一つの専門研究の分野をもち、系統的な研究を行い、数多くの基準作品や名品に触れ、自らの感覚を研ぎ澄ます他に方法はない。要は、実物を数多く見て勉強するしかない。そうすることによって、他の分野の鑑識眼もある程度身につく。しかし、過剰に自信をもつことは危険であり、資料購入や特別展の展示資料を検討する際、その分野の専門家に鑑定を依頼することも大事である。それも、大切な勉強である。

　美術品の蒐集にあたっては、その作品が贋作か、盗品や担保物件であったか等、館長と学芸員は十分に調査しておく。東京・大阪・京都・名古屋・金沢市にある美術倶楽部（株式会社）に所属する信用のある美術商が扱うものには、そういう問題は少ない。最初に館内での検討を経て、例えば国立・公立博物館・美術館では、普通、二つの作品購入（買取り）委員会を招集する。購入審議委員会（館外の学識経験者で構成）では、購入候補作品の真贋と当該館の展示に相応しいものかを検討する。また作品評価委員会（学識経験者と美術商で構成）では、各委員はその作品の経済的評価（価格）を提示する。三つの慎重な手続きを経て、作品は購入される。寄贈品の場合も同様な手続きを行う。鑑識経験の乏しい館長が安易に独断で寄贈を受け入れると、館の運営はきわめて困難になる。

2　分類と整理

　人文系博物館における資料の分類と整理は、基本的には大体同じである。ここでは、美術館を例

にして述べる。

　美術館の収蔵品と決まったらならば、「館蔵品台帳」あるいは「館蔵品原簿」に登録する。館長が管理するものと管理部（庶務部）が管理するもの、二種類の台帳（原簿）がある。これは、美術館によってさまざまであり、館独自の方式がある。台帳には購入先、寄贈先、購入金額、寄贈評価額などの重要な記載があるので、厳重に管理しなければならない。台帳をコンピュータで管理する場合、とくにセキュリティーを厳重にしなければならない。

　次に、学芸部が業務で用いる資料基本カード（同時にコンピュータの館蔵品フォーマットに入力）に作品の基礎的データ類を記入する。すなわち、登録番号、分類（絵画、書跡など）、作品名（購入時の名称ではなく、館独自の名称を考えることが重要）、作家名、法量（寸法）、時代、員数、材質形状、款記・印章、作品の伝来、展示歴、掲載文献、納入箱・箱書き、添状、その他の項目、そして当該館での展示や貸し出しの記録、修復の記録などを記入する。必ず資料の写真を添付する。この登録業務（貸出し業務も）は外国の美術館では、レジストラーが行うが、日本では一般に学芸員が行う。保存状況のチェックや貸し出し時のチェックは、いつも資料基本カードと作品とを照合して確認することが必要である。

　作品の分類は、それぞれの館独自のやり方があり、それに従って行えばよい。ただし、それは収蔵庫における整理・保管と関係しており、資料展示の際、出し入れがスムーズにいくかをよく考えておく必要がある。収蔵庫内での整理・保管については、まず種類別に行い、次に大きさによって分ける。どこに何があるか、コンピュータで管理することも、一つの方法である。古美術品の場合、木製の箱に収納されている場合が多く、また似た名称のものもあり、箱に名称ラベルとともに作品の写真を貼り付けておくと便利である。　　　　　　　　　　　　　　　　　　　　　　　　　　　　（林）

Column

寄贈と贋作

　美術館にとって美術品の蒐集は、人体における血液と同じで、それが止まると死に至る。現在、多くの美術館は財政難に直面しているが、少ない購入予算の中、わずかでも蒐集は継続してほしい、と願う。そんな折、美術館は、個人や団体から美術コレクションの「寄贈」の申出を受けることがある。無料で寄付してもらえるのだからこんな有り難いことはない、収蔵品が増えてよい、と思うのは第三者である。実は、美術館にとって寄贈の申出は、ありがた迷惑ということもある。普通、作品寄贈の申出を断ることの方が多い。

　美術館が作品の寄贈を断る理由は、次のような場合である。第一は、作品の質が悪い場合で、美術館コレクションの評価を下げることになるから。第二は、美術館の蒐集方針に合わない場合である。第三は、作品の寄贈に条件がつけられた場合である。たとえば、記念室あるいは特別室を設け、常時、寄贈品を展示するように、という条件がつく場合である。そんな条件を受け入れて、館運営に支障をきたしたという美術館が実際にある。第四は、修理費や展示費に経費がかかり、また収蔵庫のスペースに問題がある。以上の断る理由は、近代・現代の美術品を扱う美術館に多い。

　問題は、寄贈品が「古美術品」の場合である。現代の日本人の個人コレクションは、大方は「贋作」か、贋物でないが、美術館での展示にふさわしくない作品であるといってよい。所蔵者に古美術品の購入先を尋ねれば、おおよそ品物の素情がわかる。掘り出し物というものは、ほとんどダメである。東京、大阪、京都、名古屋、金沢の美術倶楽部に所属する著名な美術商からの高額の購入品であれば、贋作は少ない。またコレクターの御自慢の作品を一つ見れば、その人の鑑識能力はおおよそ察しがつく。しかし、当人は決して「贋作」とは思っていない。寄贈の申出が遺族の場合は、なおさらである。コレクションの中の良品を選択することができればよいのだが、それでは当人の気持ちを害する。そういうわけで、美術館は寄贈に対して、はっきりお断りすることが肝心である。

　大阪市立美術館の「安部コレクション」といえば、東洋紡績株式会社の社長、阿部房次郎氏が蒐集した中国書画160点の世界的なコレクションである。伝王維筆「伏生綬経図」をはじめ重要文化財4件を数え、燕文貴筆「江山楼観図」は、中国絵画史の代表的な基準作である。1932年に大阪市立美術館に寄贈されたご子息孝次郎氏の話によると、はじめ国の博物館に寄贈を申し入れたが、中に「贋作」があるという理由で断られたという。中国絵画では、一般に後世の模本や倣古作が多く、「贋作」とは区別される。安部コレクションには一部その種の資料を含んでいるが、これも中国絵画史研究にとって重要な資料である。中国絵画についての鑑識と認識不足により、国はすぐれたコレクションを取り逃がしてしまったのだ。

(林)

Column

贋作と摸作

　江戸時代後半、富裕層は趣味の世界を発達させ、芸や学問で知的好奇心を満たすようになり、自然や人工物を問わず、奇石を集め観賞して楽しむ「弄石家」が現れた。木内石亭の『神代石之図』に描かれた石器や石製品は、各地の弄石家が集めたもので、絵画にして回覧されたので、優れたものは同好の士の間で広く知られた。

　関西大学博物館にある鍬形石は、木内石亭が浪速の町人学者、木村蒹葭堂のもとで実見して絵図を残したことで有名である。著書『雲根志』と『神代石之図』で、木内石亭はこの鍬形石の出土地を「和州虎隠村山中（大和国唐院村の山中）」とし、また、浪速の町人学者、木村蒹葭堂の所蔵であると記している。明治期には元老院参議官の神田孝平も所有した。地名と形状の特徴から、前方部粘土槨から多量の石製腕飾類が出土したことで有名な、奈良県磯城郡川西町唐院所在、島の山古墳の後円部埋葬施設から出土した可能性が指摘されている。

　江戸時代、裕福な弄石家は競って奇石、神代石を蒐集し、高値で購入したので、それを供給する「奇石商」が出現した。弄石家の高まる求めに応じ、奇石商が各地で古墳や石器時代遺跡を盗掘することもあったらしい。新たな発見品が少ない時代であり、優品に対する需要は、有名な優品を摸作した「贋作」を生み出し、勾玉や鍬形石などが大量に作られた。多くの弄石家が騙されて購入し、多数の「贋作」石器が弄石家のコレクションに取りこまれることになった。考古学的な類例調査の可能な現在なら鑑定も容易であるが、明治、大正期の考古学研究者も、しばしば摸作石器に惑わされている。これらは、考古学資料としては「贋作」であるが、考古資料を摸作した江戸時代弄石家の蒐集品としての資料的な価値があり、この時期の萌芽的な学問や知的な遊戯のあり方を窺う上で貴重な資料といえる。博物館資料にあって、資料を見る視点が異なれば、その評価や位置づけが変わることは留意したい。

（山口）

木村蒹葭堂旧蔵鍬形石（関西大学博物館蔵）

木内石亭『神代石之図』に描かれた
石器に類似した石器（関西大学博物館蔵）

※勾玉2点は江戸時代の「摸作」石器

III 博物館資料論

１２　自然史系資料の同定、分類と整理

　自然史系資料は主に生物資料と地学資料とに大別できるが、ここでは生物系を例に説明する。この二つは保存の方法や蒐集の方法が異なることから、全く別の分野として扱われることが多いが、最近の博物館への期待では自然環境の考え方を求められるので、生物資料と地質資料がお互いに及ぼす関連にも注目するべきである。
　＊天文系資料、気象学的資料は別の扱いをすることが多いので省略する。

１　同定までの流れ
　絵合わせのレベルから安定形質を見つけ出しての比較検討が必要で、最初の段階では既知の種類の形態を示した図鑑と照合して名前を決めていく方法がとられることが多い。
　図鑑による同定作業では調べようとする資料について、一般生物資料の場合、その全体的な形と同形の概形、色、姿勢のものを図鑑の中から選ぶ。植物では花や実、昆虫では翅の模様や色、前足の形状、頭や胸の突起物の有無、魚ではヒレの数やつく位置など、それぞれに手掛かりになる形質があり、概形よりも重要である場合も多い。大きな特徴が見つかると、その点を中心に調べることにより、種類の見当がつかない場合に調べる範囲を絞り込むのに役立つ。そこで決めてしまうのは早計である。
　生物には体色変異、季節変異、また著しい成長変化を見せるものなどが、むしろ普通であるので、最も安定した形質を見つけ出して、その点が一致するかどうかを優先する。
　このようにいろいろな要因での変異がいろんな種類で見られるので、それぞれの種の基本的な形質、種に特有の形質を見つけ出して、分類にはその形質を比較することが必要であり、そのような形質を示すことができる標本を集めることが必要である。

２　専門雑誌、研究資料などの文献による検証　原記載と学名
　近似種との詳しい相違点、変異の幅などを説明された文献と照合し、対象とする資料が変異の幅に入っているかどうかを調べる作業が必要である。それには市販の図鑑類では十分ではないことも多く、同定作業が信頼できる調査資料のような、個々の種類を特徴付ける形質をしっかりと説明した文献との照合が必要である。
　最終的には、その種が新種として認められたときに見定められた形質と照合するための原記載のある論文やその時の標本であるタイプ標本を見ることも必要になることもあるが、毎回は現実的ではないので、同定済みの標本があると照合に役立つ。

3　検索表

　よく似た種類を見分ける時には、安定した形質を比較しながら、その形質の有無で2分する作業を繰り返して大きな分類群から紛らわしい種類の比較へと進み、特定の種類を突き止めるための指針となる「検索表」というものが使われることが多い。しかし、それぞれの分野での初心者にはなかなか扱いにくいものである。

　理想的には進化系統の流れに沿った分岐をたどれるようにした検索表が求められるが、現実的にはわかりやすい形質を使ったものが多い。

4　標本、ラベルの重要性

　標本には必ずその標本についての情報が書かれたラベルがついている。ラベルには「いつ、どこで、誰が」採集したのかが書かれることになっている。この3点が基本的なデータであるが、他に必要があれば、採集した時の状態や、生物資料では飼育した場合など、採集してから死んで標本化するまでの記録の主要なものを書いておく。標本にも昆虫、植物シート、樹木、剥製、岩石、鉱物とさまざまな種類が存在する。

　ラベルは昆虫標本の場合、必ず昆虫針とくっついている。直接に体に刺している場合と台紙に貼ってピンにさす場合の違いはあるが、ピンと一体化しているのでラベルをピンに刺しておく。植物標本は原則として押し葉標本にして台紙に貼りつけるので、台紙にラベルを貼っておく。昆虫の幼虫や水中植物など柔らかなものや両生類など液浸（アルコール漬けやホルマリン漬けの標本）のものはラベルを標本ビンに一緒に入れる。

5　生物の変異

　生物には個体変異があり、著しいものでは別種に見える場合もある。同様に概形が同じでも体色の変異が大きなものがあり、誤認することがある。季節変異は植物や昆虫で著しいことがあり、表面の様子が変わったり、葉を落としたりするなどの変化が見られるものでは季節変異は大切な情報である。
成長によっても変異がみられる。同じ種類でも成長の段階で大きく姿を変える種類も多い。（研究が）進むまでは別々の種類とされていたということも少なくない。

III 博物館資料論

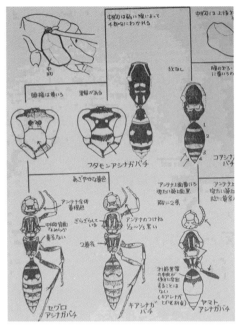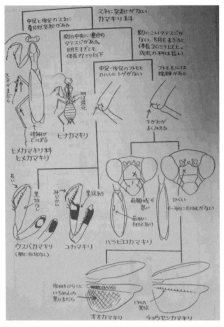

絵解き検索表の例
いろいろな形質の特徴と位置が説明されている
慣れない者には専門用語や形質の具体的な特徴を理解しやすいので使いやすいが、作るのには手間がかかる

大阪市立自然史博物館の展示解説

キリギリス類の標準的な展足と展翅標本

ヤマザクラ　押し葉、押し花標本

標本作製中（大阪市立自然史博物館にて）

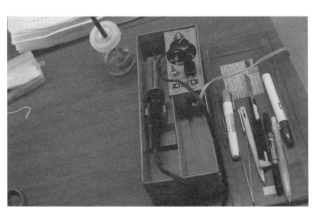

植物標本をマウントする道具

Column

リンネの分類

　植物や動物の命名には、リンネが考案した二名式命名法(属名＋種小名)が使用されており、植物・動物・ウイルス・バクテリアなどでは、これに則して国際命名規約が定められている。

　リンネは、自然界にあるものを広く概観して、1735年に動物・植物・鉱物の三界を扱った『自然の体系』を出版した。1737年には『植物の属』を、1753年には『植物の種』を出版した。この中でリンネは、植物を雄しべと雌しべの数や形に基づいて区分し、当時知られていた植物を7,700種に分類した。また、この分類に用いた方法は、属と種小名の二つをラテン語で列記し、さらに命名者の名前を記載する方法を確立した。ツバキであれば、Camelliaが属名、japonicaが種小名、Linnaeusが命名者名で、連ねてCamellia japonica Linnaeusとなる。生物名が記号的に記述されるようになると、記号どうしの類似関係が検討され、類似した記号をもつ生物種をひとまとまりのグループとしてまとめ、さらに、これらの小グループをまとめて、大グループとして階層的な分類体系をつくることができ、界・綱・目・属・種の五つに構成された。

　このように、世界の植物についての知識を整理して体系化することで、植物の種に関する知識を多くの人々が共有することが可能になったのである。動物園や植物園、自然史博物館などでの分類は、今でもリンネの二名式命名法に準拠して行われている。動植物学の論文では、学名や研究文献の引用があるため、1905年ウィーンで開催された第3回国際植物学会議で植物の種小名(または、種名)はリンネの『植物の種』初版(1753)から、属名は、『植物の属』第5版(1754)から先行研究としての論述を始めることが決められている。動物については、種小名が整備された『自然の体系』Systema Naturae第10版(1758)を動物の学名の始まりとしている。

　一方、自然史系以外の、特に人文系分野の学問体系においては、それぞれの学史的な背景を負って、研究に資するための手段として多様な命名方法、分類記述方法が駆使されている。それらには、学問的派閥や大学間、研究者個人でも差異があることがある。博物館においては、命名方法、分類記述方法は、博物館資料の研究や展示公開のみならず、収蔵管理と研究活動では、領域の異なる命名法や分類記述方式が一つの博物館で複数混在して並立するという事態となりうるので、博物館活動の連携と深化という面で問題を孕んでいる。館蔵品の電子データベース化によりこの問題を乗り越えようとする試みもあるが、館蔵品を蓄えようとする段階で、どのような資料を集めるのか、統一的なデータベースとして取り扱うのかよく検討しておかないといけない。　　　　　　　（山口）

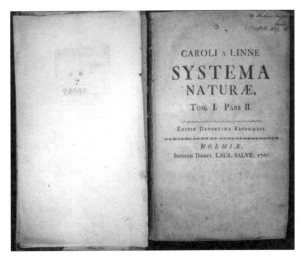

自然の体系(1735)

13　目録の作成、資料の管理（展示や貸出などの移動、活用記録など）

　博物館では収蔵資料を各館で確立された分類法によって分類を行い、その情報を検索できるように目録を作成する。また、展示や貸出、修復、特別利用などの履歴を記録し、資料の管理を行う。資料を管理することが館内の資料保存や展示などへの活用につながる。

1　目録の作成

　収蔵資料の分類がなされると資料を直接見ることなく、収蔵資料の種類、数、所在などの情報がわかるように目録を作成する。資料目録は資料の整理保管、研究、教育普及などのさまざまな博物館活動の目的に応じたものであり、資料の分野ごとにも必要となる。すなわち、資料情報を探す際の手がかりとなるものであり、検索の目的に応じたデータの記載配列や項目の設定が異なる。

　資料は学芸員だけが優先的に利用するものではなく、博物館利用者が目録を用いて資料を検索し、利用に供するよう館蔵資料を公開することは博物館の重要な責務のひとつである。公開が進むことで資料の公共性が高まり、情報の共有化がはかられ、新たな認識情報がもたらされ、研究の進展もありえる。

2　資料の管理

　資料の保存管理や活用のため資料のさまざまな履歴を記録し、管理を行うのが管理台帳である。管理台帳には履歴とともに分類番号、資料番号を記載し、資料台帳と対照できるようにしておく。

　履歴には自館の常設展示、企画展示の出陳履歴や他館への貸出などの年月日・相手先に関する貸出履歴、補修・保存処理の内容、燻蒸の有無など修復等の管理履歴、特別利用の履歴などがある。また、台帳には保存管理を第一として安全な出納を行う収納管理が求められ、作品の状態についての所見も記録される。

3　データベース

　近年はコンピュータ技術の進歩により資料情報のデジタル化が進展している。情報公開、利用促進、情報の一元化という観点から台帳の情報をデータベース化し、ネット上で公開して管理運営を行うことも進んでいる。データベースの公開には手間や経費の問題など課題も多いが、検索をいかに容易にしていけるかが重要となる。今後、全国の博物館が資料を共有化できる共通目録のシステムが進展していく環境を整えるためにも、検索のための基本的なデータの項目の標準化、表現の統一が課題となってくる。さらには公開が容易になると情報管理がより重要になってくる。

　また、資料の管理もデータベースにて行われる。大きな博物館では保管場所も入力され、資料にバーコードを用いて収蔵庫からの出庫、入庫の出納を管理している。

（藤井裕之）

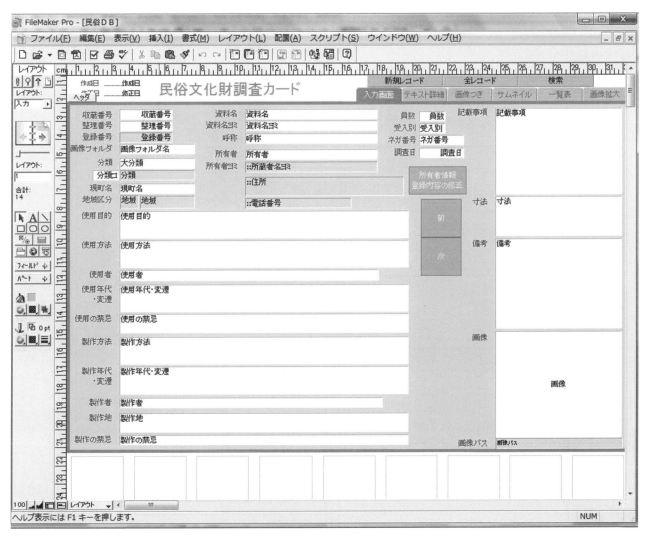

資料データベース画面

民俗文化財に関するさまざまな資料情報が入力される

検索が容易で博物館活動を支える重要な情報である

Ⅲ 博物館資料論

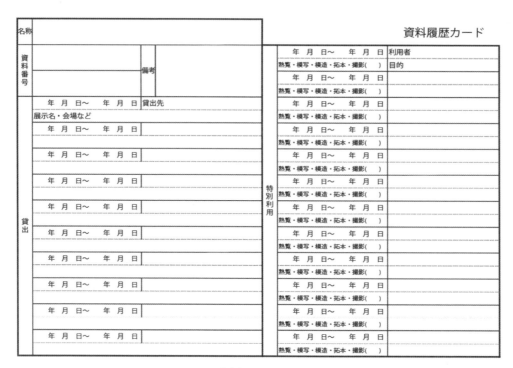

資料履歴カード(表)

資料履歴カード(裏)

資料の名称、貸出、特別利用、展示、修復に関する履歴が記載されている

Column

民具の展示

　民具は美術品のように眺め鑑賞するものではなく、実生活で使用することを目的に製作されてきた私たちの身近にある日常生活資料である。

　民具の展示法には移築あるいは再現した民家や付属屋などに使用状況を再現して配置することで、地域の生活の様相を理解させる展示、また、民具の使用の工程や移り変わりを示す展示、さらには、用途を示すだけでなく時代背景、地域背景といった地域の民俗文化の理解のための展示など展示側にはさまざまな意図がある。

　しかし、一般に博物館に収蔵される民具は使用されなくなり、不要となったものが寄贈されたものがほとんどであり、いわば、前代の資料であるため民具を使用した経験はおろか、見たこともない観覧者が多くなり、もともと、伝わりにくいといわれていた展示の意図はますます観覧者に伝わらず、伝えることはたいへんむずかしいといわれている。

　こうしたなか、観覧者は自分なりに情報を読み取る場合が多くなるといわれており、そのため、実物資料のもつ多くの情報を観覧者が独自に展示者側の意図を越えて自由に感じ取ってもらい、そのため数多くの実物資料を展示することも必要なことである。

　また、民具がどのように製作され、使用されてきたのか。その技術の理解には単に資料をみるだけでなく、資料に触れ、使用し、体験してみることが有効である。そこで気づくことはモノの仕組みや構造だけでなく、資料の質感、重さ、使用や製作の苦労など当時の人々のくらしの実感である。それが民具の発見、再認識につながる。体験することは知識を得るだけでなく、自らが考えていくことであり、主体的に資料と関わっていくことにもつながっていく。

　展示にあたっては展示者の問題提起を観覧者にいかに受け止めてもらうかとともに、観覧者自らが主体的に考え、必要に応じて情報を積極的に得たくなるような展示を作り出すことが重要である。そのための装置を用意していくことが市民の主体的な調査をうながし、その成果を展示にとりあげていくような市民参画の流れにつながっていくことにもなる。

（藤井裕之）

使用体験を織り交ぜての小学生への民具解説
（吹田市立博物館）

Ⅲ 博物館資料論

１４　資料公開の理念

　博物館は、豊富な資料と情報を保有している。この資料と情報は人類共有の財産であり、博物館は公開・活用することを基本に置かねばならない。しかし、博物館には資料を保存するという使命もあり、活用と保存という矛盾する二つの役割を両立させる必要がある。

１　公開の原則
　博物館は、資料の収集と、専門的かつ総合的な調査研究成果の蓄積により、卓抜した資料と情報を保有している。これらは人類共有の財産であり、博物館は財産の共有化を図らねばならない。そのために、博物館は、利用者が年齢や学歴、言語の違い、障害の有無によってアクセスする機会と方法が制限されることがないこと、つまりすべてにおいてバリアフリーである公開を目指さなければならない。

２　公開の手段
　博物館を特徴づける資料の公開方法は展示である。しかし、博物館の資料は展示によってのみ公開されるのではない。常設展や特別展の図録、所蔵資料の目録などの刊行も重要な公開の方法である。また、講座やワークショップで資料を紹介したり、マスメディアを通じて情報を流したりすることも公開の一手段である。さらに、個々の人々からの質問に応えることも情報公開の原則に則った活動と位置付けることができる。
　近年はインターネットのホームページでの電子展示室の開設や、データベースの作成などにより、利用者がより利用しやすい方法で情報を得ることができるようになった。この場合、大人向けと子供向け、日本語や他の言語といった、複数の手段で同時に情報を提供することや、質問コーナーなどの設置によって利用者と博物館との情報のやり取りを一般公開することも可能になった。

３　公開と非公開
　博物館資料には、実物や標本などの一次資料と、写真や図面などの二次資料がある。このうち特に一次資料は他に替えることのできない１点のみの貴重な財産であり、次世代に伝えるための保存を優先するべきだと判断される資料もある。保存が優先されるべき場合は、実物や標本のレプリカなどや、あるいは写真などによる情報の公開が望まれる。
　また、個人の利害に関係する場合や、モラルに反する資料についても公開を控えねばならない。例えば、購入資料の入手先などの個人情報、差別につながる要素を持つ資料の公開には注意を要する。いずれにしても、偏見や誤解を招かない、厳格で正しい情報を提供することが必要である。

（吉田）

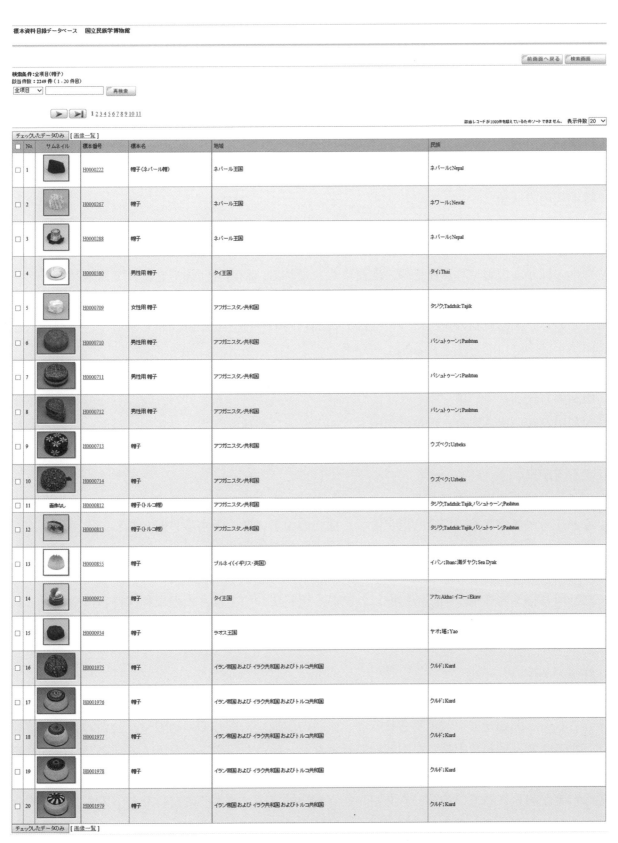

博物館データベース（国立民族学博物館 HP より）

15　特別利用の方法

　博物館の特別利用とは、展示の見学や出版物の入手などの一般的な方法ではなく、研究や出版のためなどに、資料の熟覧や撮影、あるいは写真の借用をしたりといった特別な利用をさす。多くの場合、書類で申請して許可を得なくてはならない。

1　特別利用の種類
　博物館の特別利用とは、調査研究や印刷出版などを目的に、資料の熟覧や撮影・模写・複写などを行ったり、写真を出版物に掲載したり、映像の放映などを行うことをいう。対象となる資料は実物や標本のほか、複製や写真などの二次資料も含まれる。利用は団体でも個人でも構わない。
　特別利用の大半は写真利用であり、フィルムや紙焼利用のほか、最近ではデジタルデータの活用が増えている。実物資料の貸出については、特別利用の一部とする博物館もあるが、特別利用とは別の申請手続や許可の方法をとるところが多い。

2　申請の方法
　特別利用を願い出る場合、近年はホームページなどに具体的な方法が説明されている場合もあるが、資料の状態などによって活用が制限される場合があるので、相手先の博物館の担当者に事前に相談する方が良い。
　担当者から特別利用の内諾を得ても、正式な申請は書面で行う。申請書は、専用のものを作成しているところが多く、その場合は指定された様式の申請書を入手する必要がある。申請書には、利用を希望する資料の名称のほか、具体的な利用方法や目的などを記入し、返信用の切手と封筒を付けて郵送するのが通常の方法である。
　また、所有権や著作権が当該博物館以外にある資料については、その権利保持者にも書面による許可が必要になる。

3　許可の条件
　申請を受けた博物館では、特別利用による資料の保存や管理上の影響や、利用目的の正当性などが審査される。問題がないと判断されると、資料の取扱いに際しての制限や、公表の際に所蔵者名を明記すること、資料を掲載した出版物の献本などといった付帯条件を添えて利用が許可される。
　特別利用の料金は博物館によって異なる。無料のこともあるが、運営上の利益を得られるように高額な料金が設定されていることもある。公立博物館では、基本的に有料であっても、学術的な研究など公共性が高いと判断される利用については、免除願の提出を求めて、料金を減額・免除する処置をとる場合が多い。

(吉田)

様式第2号

特別利用許可申請書

平成　年　月　日

　　　　　　殿

　　　申請者　住所（団体にあっては、所在地）

　　　　　　　氏名 $\begin{pmatrix}団体にあっては、団体名\\及び代表者の氏名\end{pmatrix}$

　　　　　　　　　　　　　　　　　　　　　㊞

　　　　　　　　（電話　　　局　　　番）

　博物館条例及び　博物館管理運営規則を厳守することを誓約し、次のとおり資料の特別利用を申請します。

利用者	住所			
	氏名		利用当日の責任者	
利用目的				
利用形態	熟覧・模写・模造・撮影（写真・映画・テレビ）・複写			
利用期間及び日時	平成　年　月　日　午前・午後　時　分 から 平成　年　月　日　午前・午後　時　分 まで			
利用資料	記号・番号	品　名	数　量	備　考
その他参考事項				

注意　1. 著作権者がある博物館資料については、著作権者の承諾書を、寄託された博物館資料については、寄託者の承諾書をそれぞれ添付すること。
　　　2. 利用形態の欄は、該当する事項を囲むこと。利用期間及び日時の欄の午前・午後の部分は、該当する方を囲むこと。

特別利用許可申請書の一例

資料編

博物館法

（昭和二十六年十二月一日法律第二百八十五号）

最終改正：平成二三年一二月一四日法律第一二二号

　第一章　総則（第一条―第九条の二）
　第二章　登録（第十条―第十七条）
　第三章　公立博物館（第十八条―第二十六条）
　第四章　私立博物館（第二十七条・第二十八条）
　第五章　雑則（第二十九条）
　附則

第一章　総則

（この法律の目的）

第一条　この法律は、社会教育法（昭和二十四年法律第二百七号）の精神に基き、博物館の設置及び運営に関して必要な事項を定め、その健全な発達を図り、もつて国民の教育、学術及び文化の発展に寄与することを目的とする。

（定義）

第二条　この法律において「博物館」とは、歴史、芸術、民俗、産業、自然科学等に関する資料を収集し、保管（育成を含む。以下同じ。）し、展示して教育的配慮の下に一般公衆の利用に供し、その教養、調査研究、レクリエーション等に資するために必要な事業を行い、あわせてこれらの資料に関する調査研究をすることを目的とする機関（社会教育法 による公民館及び図書館法（昭和二十五年法律第百十八号）による図書館を除く。）のうち、地方公共団体、一般社団法人若しくは一般財団法人、宗教法人又は政令で定めるその他の法人（独立行政法人（独立行政法人通則法（平成十一年法律第百三号）第二条第一項 に規定する独立行政法人をいう。第二十九条において同じ。）を除く。）が設置するもので次章の規定による登録を受けたものをいう。

2　この法律において、「公立博物館」とは、地方公共団体の設置する博物館をいい、「私立博物館」とは、一般社団法人若しくは一般財団法人、宗教法人又は前項の政令で定める法人の設置する博物館をいう。

3　この法律において「博物館資料」とは、博物館が収集し、保管し、又は展示する資料（電磁的記録（電子的方式、磁気的方式その他人の知覚によつては認識することができない方式で作られた記録をいう。）を含む。）をいう。

（博物館の事業）

第三条　博物館は、前条第一項に規定する目的を達成するため、おおむね次に掲げる事業を行う。

一　実物、標本、模写、模型、文献、図表、写真、フィルム、レコード等の博物館資料を豊富に収集し、保管し、及び展示すること。

二　分館を設置し、又は博物館資料を当該博物館外で展示すること。

三　一般公衆に対して、博物館資料の利用に関し必要な説明、助言、指導等を行い、又は研究室、実験室、工作室、図書室等を設置してこれを利用させること。

四　博物館資料に関する専門的、技術的な調査研究を行うこと。

五　博物館資料の保管及び展示等に関する技術的研究を行うこと。

六　博物館資料に関する案内書、解説書、目録、図録、年報、調査研究の報告書等を作成し、及び頒布すること。

七　博物館資料に関する講演会、講習会、映写会、研究会等を主催し、及びその開催を援助すること。

八　当該博物館の所在地又はその周辺にある文化財保護法（昭和二十五年法律第二百十四号）の適用を受ける文化財について、解説書又は目録を作成する等一般公衆の当該文化財の利用の便を図ること。

九　社会教育における学習の機会を利用して行つた学習の成果を活用して行う教育活動その他の活動の機会を提供し、及びその提供を奨励すること。

十　他の博物館、博物館と同一の目的を有する国の施設等と緊密に連絡し、協力し、刊行物及び情報の交換、博物館資料の相互貸借等を行うこと。

十一　学校、図書館、研究所、公民館等の教育、学術又は文化に関する諸施設と協力し、その活動を援助すること。

2　博物館は、その事業を行うに当つては、土地の事情を考慮し、国民の実生活の向上に資し、更に学校教育を援助し得るようにも留意しなければならない。

（館長、学芸員その他の職員）

第四条　博物館に、館長を置く。

2　館長は、館務を掌理し、所属職員を監督して、博物館の任務の達成に努める。

3　博物館に、専門的職員として学芸員を置く。

4　学芸員は、博物館資料の収集、保管、展示及び調査研究その他これと関連する事業についての専門的事項をつかさどる。

5　博物館に、館長及び学芸員のほか、学芸員補その他の職員を置くことができる。

6　学芸員補は、学芸員の職務を助ける。

（学芸員の資格）

第五条　次の各号のいずれかに該当する者は、学芸員となる資格を有する。

一　学士の学位を有する者で、大学において文部科学省令で定める博物館に関する科目の単位を修得したもの

二　大学に二年以上在学し、前号の博物館に関する科目の単位を含めて六十二単位以上を修得した者で、三年以上学芸員補の職にあつたもの

三　文部科学大臣が、文部科学省令で定めるところにより、前二号に掲げる者と同等以上の学力及び経験を有する者と認めた者

2　前項第二号の学芸員補の職には、官公署、学校又は社会教育施設（博物館の事業に類する事業を行う施設を含む。）における職で、社会教育主事、司書その他の学芸員補の職と同等以上の職として文部科学大臣が指定するものを含むものとする。

（学芸員補の資格）

第六条　学校教育法（昭和二十二年法律第二十六号）第九十条第一項　の規定により大学に入学することのできる者は、学芸員補となる資格を有する。

（学芸員及び学芸員補の研修）

第七条　文部科学大臣及び都道府県の教育委員会は、学芸員及び学芸員補に対し、その資質の向上のために必要な研修を行うよう努めるものとする。

（設置及び運営上望ましい基準）

第八条　文部科学大臣は、博物館の健全な発達を図るために、博物館の設置及び運営上望ましい基準を定め、これを公表するものとする。

（運営の状況に関する評価等）

第九条　博物館は、当該博物館の運営の状況について評価を行うとともに、その結果に基づき博物館の運営の改善を図るため必要な措置を講ずるよう努めなければならない。

（運営の状況に関する情報の提供）

第九条の二　博物館は、当該博物館の事業に関する地域住民その他の関係者の理解を深めるとともに、これらの者との連携及び協力の推進に資するため、当該博物館の運営の状況に関する情報を積極的に提供するよう努めなければならない。

第二章　登録

（登録）

第十条　博物館を設置しようとする者は、当該博物館について、当該博物館の所在する都道府県の教育委員会に備える博物館登録原簿に登録を受けるものとする。

（登録の申請）

第十一条　前条の規定による登録を受けようとする者は、設置しようとする博物館について、左に掲げる事項を記載した登録申請書を都道府県の教育委員会に提出しなければならない。

一　設置者の名称及び私立博物館にあつては設置者の住所

二　名称

三　所在地

2　前項の登録申請書には、次に掲げる書類を添付しなければならない。

一　公立博物館にあつては、設置条例の写し、館則の写し、直接博物館の用に供する建物及び土地の面積を記載した書面及びその図面、当該年度における事業計画書及び予算の歳出の見積りに関する書類、博物館資料の目録並びに館長及び学芸員の氏名を記載した書面

二　私立博物館にあつては、当該法人の定款の写し又は当該宗教法人の規則の写し、館則の写し、直接博物館の用に供する建物及び土地の面積を記載した書面及びその図面、当該年度における事業計画書及び収支の見積りに関する書類、博物館資料の目録並びに館長及び学芸員の氏名を記載した書面

（登録要件の審査）

第十二条　都道府県の教育委員会は、前条の規定による登録の申請があつた場合においては、当該申請に係る博物館が左に掲げる要件を備えているかどうかを審査し、備えていると認めたときは、同条第一項各号に掲げる事項及び登録の年月日を博物館登録原簿に登録するとともに登録した旨を当該登録申請者に通知し、備えていないと認めたときは、登録しない旨をその理由を附記した書面で当該登録申請者に通知しなければならない。

一　第二条第一項に規定する目的を達成するために必要な博物館資料があること。

二　第二条第一項に規定する目的を達成するために必要な学芸員その他の職員を有すること。

三　第二条第一項に規定する目的を達成するために必要な建物及び土地があること。

四　一年を通じて百五十日以上開館すること。

（登録事項等の変更）

第十三条　博物館の設置者は、第十一条第一項各号に掲げる事項について変更があつたとき、又は同条第二項に規定する添付書類の記載事項について重要な変更があつたときは、その旨を都道府県の教育委員会に届け出なければならない。

2　都道府県の教育委員会は、第十一条第一項各号に掲げる事項に変更があつたことを知つたときは、当該博物館に係る登録事項の変更登録をしなければならない。

（登録の取消）

第十四条　都道府県の教育委員会は、博物館が第十二条各号に掲げる要件を欠くに至つたものと認めたとき、又は虚偽の申請に基いて登録した事実を発見したときは、当該博物館に係る登録を取り消さなければならない。但し、博物館が天災その他やむを得ない事由により要件を欠くに至つた場合においては、その要件を欠くに至つた日から二年間はこの限りでない。

2　都道府県の教育委員会は、前項の規定により登録の取消しをしたときは、当該博物館の設置者に対し、速やかにその旨を通知しなければならない。

（博物館の廃止）

第十五条　博物館の設置者は、博物館を廃止したときは、すみやかにその旨を都道府県の教育委員会に届け出なければならない。

2　都道府県の教育委員会は、博物館の設置者が当該博物館を廃止したときは、当該博物館に係る登録をまつ消しなければならない。

（規則への委任）

第十六条　この章に定めるものを除くほか、博物館の登録に関し必要な事項は、都道府県の教育委員会の規則で定める。

第十七条　削除

　　　第三章　公立博物館

（設置）

第十八条　公立博物館の設置に関する事項は、当該博物館を設置する地方公共団体の条例で定めなければならない。

（所管）

第十九条　公立博物館は、当該博物館を設置する地方公共団体の教育委員会の所管に属する。

（博物館協議会）

第二十条　公立博物館に、博物館協議会を置くことができる。

2　博物館協議会は、博物館の運営に関し館長の諮問に応ずるとともに、館長に対して意見を述べる機関とする。

第二十一条　博物館協議会の委員は、学校教育及び社会教育の関係者、家庭教育の向上に資する活動を行う者並びに学識経験のある者の中から、当該博物館を設置する地方公共団体の教育委員会が任命する。

第二十二条　博物館協議会の設置、その委員の定数及び任期その他博物館協議会に関し必要な事項は、当該博物館を設置する地方公共団体の条例で定めなければならない。

（入館料等）

第二十三条　公立博物館は、入館料その他博物館資料の利用に対する対価を徴収してはならない。但し、博物館の維持運営のためにやむを得ない事情のある場合は、必要な対価を徴収することができる。

（博物館の補助）

第二十四条　国は、博物館を設置する地方公共団体に対し、予算の範囲内において、博物館の施設、設備に要する経費その他必要な経費の一部を補助することができる。

2　前項の補助金の交付に関し必要な事項は、政令で定める。

第二十五条　削除

（補助金の交付中止及び補助金の返還）

第二十六条　国は、博物館を設置する地方公共団体に対し第二十四条の規定による補助金の交付をした場合において、左の各号の一に該当するときは、当該年度におけるその後の補助金の交付をやめるとともに、第一号の場合の取消が虚偽の申請に基いて登録した事実の発見に因るものである場合には、既に交付した補助金を、第三号及び第四号に該当する場合には、既に交付した当該年度の補助金を返還させなければならない。

一　当該博物館について、第十四条の規定による登録の取消があつたとき。

二　地方公共団体が当該博物館を廃止したとき。

三　地方公共団体が補助金の交付の条件に違反したとき。

四　地方公共団体が虚偽の方法で補助金の交付を受けたとき。

　　　第四章　私立博物館

（都道府県の教育委員会との関係）

第二十七条　都道府県の教育委員会は、博物館に関する指導資料の作成及び調査研究のために、私立博物館に対し必要な報告を求めることができる。

2　都道府県の教育委員会は、私立博物館に対し、その求めに応じて、私立博物館の設置及び運営に関して、専門的、技術的の指導又は助言を与えることができる。

（国及び地方公共団体との関係）

第二十八条　国及び地方公共団体は、私立博物館に対し、その求めに応じて、必要な物資の確保につき援助を与えることができる。

　　　第五章　雑則

（博物館に相当する施設）

第二十九条　博物館の事業に類する事業を行う施設で、国又は独立行政法人が設置する施設にあつては文部科学大臣が、その他の施設にあつては当該施設の所在する都道府県の教育委員会が、文部科学省令で定めるところにより、博物館に相当する施設として指定したものについては、第二十七条第二項の規定を準用する。

附　則
―以下省略―

博物館法施行規則

（昭和三十年十月四日文部省令第二十四号）

最終改正：平成二三年一二月一日文部科学省令第四四号

　博物館法（昭和二十六年法律第二百八十五号）第五条及び第二十九条の規定に基き、博物館法施行規則（昭和二十七年文部省令第十一号）の全部を改正する省令を次のように定める。

　　第一章　大学において修得すべき博物館に関する科目の単位（第一条・第二条）
　　第二章　学芸員の資格認定（第三条―第十七条）
　　第三章　博物館に相当する施設の指定（第十八条―第二十四条）
　　第四章　雑則（第二十五条―第二十七条）
　　附則

　　　第一章　大学において修得すべき博物館に関する科目の単位

（博物館に関する科目の単位）

第一条　博物館法（昭和二十六年法律第二百八十五号。以下「法」という。）第五条第一項第一号の規定により大学において修得すべき博物館に関する科目の単位は、次の表に掲げるものとする。

科目	単位数
生涯学習概論	一
博物館概論	二
博物館経営論	一
博物館資料論	二
博物館情報論	一
博物館実習	三
視聴覚教育メディア論	一
教育学概論	一

備考
一　博物館概論、博物館経営論、博物館資料論及び博物館情報論の単位は、これらの科目の内容を統合した科目である博物館学の単位をもつて替えることができる。ただし、当該博物館学の単位数は、六を下ることはできないものとする。
二　博物館経営論、博物館資料論及び博物館情報論の単位は、これらの科目の内容を統合した科目である博物館学各論の単位をもつて替えることができる。ただし、当該博物館学各論の単位数は、四を下ることはできないものとする。
三　博物館実習は、博物館（法第二条第一項に規定する博物館をいう。以下同じ。）又は法第二十九条の規定に基づき文部科学大臣若しくは都道府県の教育委員会の指定した博物館に相当する施設（大学においてこれに準ずると認めた施設を含む。）における実習により修得するものとする。
四　博物館実習の単位数には、大学における博物館実習に係る事前及び事後の指導の一単位を含むものとする。

第二条　削除

第二章　学芸員の資格認定

（資格認定）

第三条　法第五条第一項第三号の規定により学芸員となる資格を有する者と同等以上の学力及び経験を有する者と認められる者は、この章に定める試験認定又は無試験認定（以下「資格認定」という。）の合格者とする。

第四条　資格認定は、毎年少くとも各一回、文部科学大臣が行う。

2　資格認定の施行期日、場所及び出願の期限等は、あらかじめ、官報で告示する。

（試験認定の受験資格）

第五条　次の各号の一に該当する者は、試験認定を受けることができる。

一　学士の学位を有する者

二　大学に二年以上在学し、六十二単位以上を修得した者で三年以上学芸員補の職（法第五条第二項に規定する職を含む。以下同じ。）にあつた者

三　教育職員の普通免許状を有し、三年以上教育職員の職にあつた者

四　五年以上学芸員補の職にあつた者

五　その他文部科学大臣が前各号に掲げる者と同等以上の資格を有すると認めた者

（試験認定の方法及び試験科目）

第六条　試験認定は、大学卒業の程度において、筆記及び口述の方法により行う。

2　試験科目及び各試験科目についての試験の方法は、次表第一欄及び第二欄に定めるとおりとする。

第一欄	第二欄		
試験科目	試験認定の必要科目	試験の方法	
必須科目	生涯学習概論	上記科目の全科目	筆記
	博物館学		筆記及び口述
	視聴覚教育メディア論		筆記
	教育学概論		筆記
選択科目	文化史	上記科目のうちから受験者の選択する二科目	筆記
	美術史		筆記
	考古学		筆記
	民俗学		筆記
	自然科学史		筆記
	物理		筆記
	化学		筆記
	生物学		筆記
	地学		筆記

（試験科目の免除）

第七条　大学又は文部科学大臣の指定する講習等において、前条に規定する試験科目に相当する科目の単位を一単位（博物館学にあつては六単位）以上修得した者又は講習等を修了した者に対しては、その願い出により、当該科目についての試験を免除する。

2　前項の文部科学大臣の指定する講習等における単位の計算方法は、大学設置基準（昭和三十一年文部省令第二十八号）第二十一条第二項各号及び大学通信教育設置基準（昭和五十六年文部省令第三十三号）第五条第一項第二号に定め

る基準によるものとする。

（二回以上の受験）

第八条　試験認定は、二回以上にわたり、それぞれ一以上の試験科目について受けることができる。

（無試験認定の受験資格）

第九条　左の各号の一に該当する者は、無試験認定を受けることができる。

一　学位規則（昭和二十八年文部省令第九号）による修士若しくは博士の学位又は専門職学位を有する者

二　大学において博物館に関する科目に関し二年以上教授、准教授、助教又は講師の職にあつた者

三　十年以上学芸員補の職にあつた者で都道府県の教育委員会の推薦する者

四　その他文部科学大臣が前各号に掲げる者と同等以上の資格を有すると認めた者

（無試験認定の方法）

第十条　無試験認定は、次条の規定により願い出た者について、博物館に関する学識及び業績を審査して行うものとする。

（受験の手続）

第十一条　資格認定を受けようとする者は、受験願書（別記第一号様式により作成したもの）に左の各号に掲げる書類等を添えて、文部科学大臣に願い出なければならない。この場合において、住民基本台帳法（昭和四十二年法律第八十一号）第三十条の七第三項の規定により同法第三十条の五第一項に規定する本人確認情報の提供を受けて文部科学大臣が資格認定を受けようとする者の氏名、生年月日及び住所を確認することができるときは、第三号に掲げる住民票の写しを添付することを要しない。

一　受験資格を証明する書類

二　履歴書（別記第二号様式により作成したもの）

三　住民票の写し（出願前六月以内に交付を受けたもの）

四　写真（出願前一年以内に脱帽して撮影した手札形の写真を葉書大の厚紙にはり付け、裏面に住所、氏名（ふりがなをつける。）及び生年月日を記載したもの）

五　試験認定の試験科目の免除を願い出る者については、その免除を受ける資格を証明する書類

六　無試験認定を願い出る者については、博物館に関する学識及び業績を明示する書類及び資料

（試験認定合格者及び試験認定科目合格者）

第十二条　試験科目（試験科目の免除を受けた者については、その免除を受けた科目を除く。）のすべてについて合格点を得た者（試験科目の全部について試験の免除を受けた者を含む。）を試験認定合格者とする。ただし、第五条第一号の規定に該当する者については、一年間学芸員補の職の職務に従事した後に、試験認定合格者となるものとする。

2　試験認定合格者ではないが、一以上の試験科目について合格点を得た者を試験認定科目合格者とする。

（無試験認定合格者）

第十三条　第十条の規定による審査に合格した者を無試験認定合格者とする。

（合格証書の授与等）

第十四条　試験認定合格者（第十二条第一項ただし書に規定する者を含む。）及び無試験認定合格者に対しては、合格証書（別記第三号様式によるもの）を授与する。

2　合格証書を有する者が、その氏名を変更し、又は合格証書を破損し、若しくは紛失した場合において、その事由をしるして願い出たときは、合格証書を書き換え又は再交付する。

（合格証明書の交付等）

第十五条　試験認定合格者又は無試験認定合格者が、その合格の証明を願い出たときは、合格証明書（別記第四号様式によるもの）を交付する。

2　試験認定科目合格者がその科目合格の証明を願い出たときは、科目合格証明書（別記第五号様式によるもの）を交付する。

（手数料）

第十六条　次表の上欄に掲げる者は、それぞれその下欄に掲げる額の手数料を納付しなければならない。

上欄	下欄
一　試験認定を願い出る者	一科目につき千三百円
二　無試験認定を願い出る者	三千八百円
三　合格証書の書換又は再交付を願い出る者	七百円
四　合格証明書の交付を願い出る者	七百円
五　科目合格証明書の交付を願い出る者	七百円

2　前項の規定によつて納付すべき手数料は、収入印紙を用い、収入印紙は、各願書にはるものとする。ただし、行政手続等における情報通信の技術の利用に関する法律（平成十四年法律第百五十一号）第三条第一項の規定により申請等を行った場合は、当該申請等により得られた納付情報により手数料を納付しなければならない。

3　納付した手数料は、どういう事由があつても返還しない。

（不正の行為を行つた者等に対する処分）

第十七条　虚偽若しくは不正の方法により資格認定を受け、又は資格認定を受けるにあたり不正の行為を行つた者に対しては、受験を停止し、既に受けた資格認定の成績を無効にするとともに、期間を定めてその後の資格認定を受けさせないことができる。

2　試験認定合格者、無試験認定合格者又は試験認定科目合格者について前項の事実があつたことが明らかになつたときは、その合格を無効にするとともに、既に授与又は交付した合格証書その他当該合格を証明する書類を取り上げ、かつ、期間を定めてその後の資格認定を受けさせないことができる。

3　前二項の処分をしたときは、処分を受けた者の氏名及び住所を官報に公告する。

第三章　博物館に相当する施設の指定

（申請の手続）

第十八条　法第二十九条の規定により博物館に相当する施設として文部科学大臣又は都道府県の教育委員会の指定を受けようとする場合は、博物館相当施設指定申請書（別記第六号様式により作成したもの）に次に掲げる書類等を添えて、国立の施設にあつては当該施設の長が、独立行政法人（独立行政法人通則法（平成十一年法律第百三号）第二条第一項に規定する独立行政法人をいう。第二十一条において同じ。）が設置する施設にあつては当該独立行政法人の長が文部科学大臣に、都道府県立の施設にあつては当該施設の長（大学に附属する施設にあつては当該大学の長）が、その他の施設にあつては当該施設を設置する者（大学に附属する施設にあつては当該大学の長）が当該施設の所在する都道府県の

教育委員会に、それぞれ提出しなければならない。
一　当該施設の有する資料の目録
二　直接当該施設の用に供する建物及び土地の面積を記載した書面及び図面
三　当該年度における事業計画書及び予算の収支の見積に関する書類
四　当該施設の長及び学芸員に相当する職員の氏名を記載した書類

（指定要件の審査）

第十九条　文部科学大臣又は都道府県の教育委員会は、博物館に相当する施設として指定しようとするときは、申請に係る施設が、次の各号に掲げる要件を備えているかどうかを審査するものとする。
一　博物館の事業に類する事業を達成するために必要な資料を整備していること。
二　博物館の事業に類する事業を達成するために必要な専用の施設及び設備を有すること。
三　学芸員に相当する職員がいること。
四　一般公衆の利用のために当該施設及び設備を公開すること。
五　一年を通じて百日以上開館すること。
2　前項に規定する指定の審査に当つては、必要に応じて当該施設の実地について審査するものとする。

第二十条　削除

第二十一条　文部科学大臣又は都道府県の教育委員会の指定する博物館に相当する施設（以下「博物館相当施設」という。）が第十九条第一項に規定する要件を欠くに至つたときは、直ちにその旨を、国立の施設にあつては当該施設の長が、独立行政法人が設置する施設にあつては当該独立行政法人の長が文部科学大臣に、都道府県立の施設にあつては当該施設の長（大学に附属する施設にあつては当該大学の長）が、その他の施設にあつては当該施設を設置する者（大学に附属する施設にあつては当該大学の長）が当該施設の所在する都道府県の教育委員会に、それぞれ報告しなければならない。

第二十二条　削除

第二十三条　文部科学大臣又は都道府県の教育委員会は、その指定した博物館相当施設に対し、第十九条第一項に規定する要件に関し、必要な報告を求めることができる。

（指定の取消）

第二十四条　文部科学大臣又は都道府県の教育委員会は、その指定した博物館相当施設が第十九条第一項に規定する要件を欠くに至つたものと認めたとき、又は虚偽の申請に基いて指定した事実を発見したときは、当該指定を取り消すものとする。

第四章　雑則

（従前の規程による学校の卒業者等）

第二十五条　第五条第一号に規定する学士の学位を有する者には、旧大学令（大正七年勅令第三百八十八号）による学士の称号を有する者を含むものとする。

第二十六条　第五条第二号に規定する大学に二年以上在学し、六十二単位以上を修得した者には、旧大学令、旧高等学校令（大正七年勅令第三百八十九号）、旧専門学校令（明治三十六年勅令第六十一号）又は旧教員養成諸学校官制（昭和二十一年勅令第二百八号）の規定による大学予科、高等学校高等科、専門学校又は教員養成諸学校を修了し、又は卒業

した者を含むものとする。

第二十七条　第九条第一号に規定する博士の学位を有する者には、旧学位令（大正九年勅令第二百号）による博士の称号を有する者を含むものとする。

附　則

― 一部省略 ―

附　則　（平成八年八月二八日文部省令第二八号）

1　この省令は、平成九年四月一日から施行する。

2　この省令の施行の日前に、改正前の博物館法施行令規則（以下「旧規則」という。）第一条第一項に規定する科目の単位の全部を修得した者は、改正後の博物館法施行規則（以下「新規則」という。）第一条に規定する科目の単位の全部を修得したものとみなす。

3　この省令の施行の日前に、次の表の上欄に掲げる旧規則第一条第一項に規定する試験科目の単位を修得した者は、下欄に掲げる新規則第一条に規定する科目の単位を修得したものとみなす。

社会教育概論　一単位	生涯学習概論　一単位
博物館学　四単位	博物館概論　　二単位 博物館経営論　二単位 博物館資料論　一単位 博物館情報論　一単位
視聴覚教育　一単位	視聴覚教育メディア論　一単位
教育原理　一単位	教育学概論　一単位

4　この省令の施行の日前に、次の表の上欄に掲げる旧規則第六条第二項に規定する科目に合格した者は、下欄に掲げる新規則第六条第二項に規定する科目に合格したものとみなす。

社会教育概論	生涯学習概論
視聴覚教育	視聴覚教育メディア論
教育原理	教育学概論

― 一部省略 ―

附　則　（平成二一年四月三〇日文部科学省令第二二号）

1　この省令は、平成二十四年四月一日から施行する。

2　この省令の施行の日前に、改正前の博物館法施行規則（以下「旧規則」という。）第一条に規定する博物館に関する科目（以下「旧科目」という。）の単位の全部を修得した者は、改正後の博物館法施行規則（以下「新規則」という。）第一条に規定する博物館に関する科目（以下「新科目」という。）の単位の全部を修得したものとみなす。

3　この省令の施行の日前から引き続き大学に在学している者で、当該大学を卒業するまでに旧科目の単位の全部を修得した者は、新科目の単位の全部を修得したものとみなす。

4　この省令の施行の日前から引き続き大学に在学している者で、当該大学を卒業するまでに次の表中新科目の欄に掲げる科目の単位を修得した者は、当該科目に相当する旧科目の欄に掲げる科目の単位を修得したものとみなす。

新科目	単位数	旧科目	単位数
生涯学習概論	二	生涯学習概論	一
博物館概論	二	博物館概論	二
博物館経営論	二	博物館経営論	一
博物館資料論	二	博物館資料論	二
博物館教育論	二	教育学概論	一
博物館情報・メディア論	二	博物館情報論	一
		視聴覚教育メディア論	一
博物館実習	三	博物館実習	三
博物館概論	二	博物館学	六
博物館経営論	二	視聴覚教育メディア論	一
博物館資料論	二		
博物館情報・メディア論	二		
博物館経営論	二	博物館学各論	四
博物館資料論	二	視聴覚教育メディア論	一
博物館情報・メディア論	二		

5　この省令の施行の日前に、次の表中旧科目の欄に掲げる科目の単位を修得した者が、新たに学芸員となる資格を得ようとする場合には、既に修得した旧科目の単位は、当該科目に相当する新科目の単位とみなす。

旧科目	単位数	新科目	単位数
生涯学習概論	一	生涯学習概論	二
博物館概論	二	博物館概論	二
博物館経営論	一	博物館経営論	二
博物館資料論	二	博物館資料論	二
博物館情報論	一	博物館情報・メディア論	二
視聴覚教育メディア論	一		
博物館実習	三	博物館実習	三
博物館学	六	博物館概論	二
		博物館経営論	二
		博物館資料論	二
博物館学	六	博物館概論	二
視聴覚教育メディア論	一	博物館経営論	二
		博物館資料論	二
		博物館情報・メディア論	二
博物館学各論	四	博物館経営論	二
		博物館資料論	二
博物館学各論	四	博物館経営論	二
視聴覚教育メディア論	一	博物館資料論	二
		博物館情報・メディア論	二

6　この省令の施行の日前に、旧規則第六条第二項に規定する試験科目（次項において「旧試験科目」という。）の全部に合格した者は、新規則第六条第三項に規定する試験科目（次項において「新試験科目」という。）の全部に合格したも

のとみなす。

7　この省令の施行の日前に、次の表中旧試験科目の欄に掲げる科目に合格した者は、当該試験科目に相当する新試験科目の欄に掲げる科目に合格したものとみなす。

旧試験科目	新試験科目
生涯学習概論	生涯学習概論
博物館学	博物館概論
	博物館経営論
	博物館資料論
博物館学 視聴覚教育メディア論	博物館概論
	博物館経営論
	博物館資料論
	博物館情報・メディア論
文化史	文化史
美術史	美術史
考古学	考古学
民俗学	民俗学
自然科学史	自然科学史
物理	物理
化学	化学
生物学	生物学
地学	地学

　　　附　則　（平成二三年一二月一日文部科学省令第四四号）　抄

（施行期日）

1　この省令は、平成二十四年四月一日から施行する。

博物館の設置及び運営上の望ましい基準

（平成 23 年 12 月 20 日文部科学省告示第 165 号）

（趣旨）

第一条　この基準は、博物館法（昭和二十六年法律第二百八十五号）第八条の規定に基づく博物館の設置及び運営上の望ましい基準であり、博物館の健全な発達を図ることを目的とする。

2 博物館は、この基準に基づき、博物館の水準の維持及び向上を図り、もって教育、学術及び文化の発展並びに地域の活性化に貢献するよう努めるものとする。

（博物館の設置等）

第二条　都道府県は、博物館を設置し、歴史、芸術、民俗、産業、自然科学等多様な分野にわたる資料（電磁的記録を含む。以下同じ。）を扱うよう努めるものとする。

2 市（特別区を含む。以下同じ。）町村は、その規模及び能力に応じて、単独で又は他の市町村と共同して、博物館を設置するよう努めるものとする。

3 博物館の設置者が、地方自治法（昭和二十二年法律第六十七号）第二百四十四条の二第三項の規定により同項に規定する指定管理者に当該博物館の管理を行わせる場合その他当該博物館の管理を他の者に行わせる場合には、これらの設置者及び管理者は相互の緊密な連携の下に、当該博物館の事業の継続的かつ安定的な実施の確保、事業の水準の維持及び向上を図りながら、この基準に定められた事項の実施に努めるものとする。

（基本的運営方針及び事業計画）

第三条　博物館は、その設置の目的を踏まえ、資料の収集・保管・展示、調査研究、教育普及活動等の実施に関する基本的な運営の方針（以下「基本的運営方針」という。）を策定し、公表するよう努めるものとする。

2 博物館は、基本的運営方針を踏まえ、事業年度ごとに、その事業年度の事業計画を策定し、公表するよう努めるものとする。

3 博物館は、基本的運営方針及び前項の事業計画の策定に当たっては、利用者及び地域住民の要望並びに社会の要請に十分留意するものとする。

（運営の状況に関する点検及び評価等）

第四条　博物館は、基本的運営方針に基づいた運営がなされることを確保し、その事業の水準の向上を図るため、各年度の事業計画の達成状況その他の運営の状況について、自ら点検及び評価を行うよう努めるものとする。

2 博物館は、前項の点検及び評価のほか、当該博物館の運営体制の整備の状況に応じ、博物館協議会の活用その他の方法により、学校教育又は社会教育の関係者、家庭教育の向上に資する活動を行う者、当該博物館の事業に関して学識経験のある者、当該博物館の利用者、地域住民その他の者による評価を行うよう努めるものとする。

3 博物館は、前二項の点検及び評価の結果に基づき、当該博物館の運営の改善を図るため必要な措置を講ずるよう努めるものとする。

4 博物館は、第一項及び第二項の点検及び評価の結果並びに前項の措置の内容について、インターネットその他の高度情報通信ネットワーク（以下「インターネット等」という。）を活用すること等により、積極的に公表するよう努めるものとする。

（資料の収集、保管、展示等）

第五条　博物館は、実物、標本、文献、図表、フィルム、レコード等の資料（以下「実物等資料」という。）について、その所在等の調査研究を行い、当該実物等資料に係る学術研究の状況、地域における当該実物等資料の所在状況及び当該実物等資料の展示上の効果等を考慮して、基本的運営方針に基づき、必要な数を体系的に収集し、保管（育成及び現地保存を含む。以下同じ。）し、及び展示するものとする。

2 博物館は、実物等資料について、その収集若しくは保管が困難な場合、その展示のために教育的配慮が必要な場合又はその館外への貸出し若しくは持出しが困難な場合には、必要に応じて、実物等資料を複製、模造若しくは模写した資料又は実物等資料に係る模型（以下「複製等資料」という。）を収集し、又は製作し、当該博物館の内外で活用するものとする。その際、著作権法（昭和四十五年法律第四十八号）その他の法令に規定する権利を侵害することのないよう留意するものとする。

3 博物館は、実物等資料及び複製等資料（以下「博物館資料」という。）に関する図書、文献、調査資料その他必要な資料（以下「図書等」という。）の収集、保管及び活用に努めるものとする。

4 博物館は、その所蔵する博物館資料の補修及び更新等に努めるものとする。

5 博物館は、当該博物館の適切な管理及び運営のため、その所蔵する博物館資料及び図書等に関する情報の体系的な整理に努めるものとする。

6 博物館は、当該博物館が休止又は廃止となる場合には、その所蔵する博物館資料及び図書等を他の博物館に譲渡すること等により、当該博物館資料及び図書等が適切に保管、活用されるよう努めるものとする。

（展示方法等）

第六条　博物館は、基本的運営方針に基づき、その所蔵する博物館資料による常設的な展示を行い、又は特定の主題に基づき、その所蔵する博物館資料若しくは臨時に他の博物館等から借り受けた博物館資料による特別の展示を行うものとする。

2 博物館は、博物館資料を展示するに当たっては、当該博物館の実施する事業及び関連する学術研究等に対する利用者の関心を深め、当該博物館資料に関する知識の啓発に資するため、次に掲げる事項に留意するものとする。

一　確実な情報及び研究に基づく正確な資料を用いること。

二　展示の効果を上げるため、博物館資料の特性に応じた展示方法を工夫し、図書等又は音声、映像等を活用すること。

三　前項の常設的な展示について、必要に応じて、計画的な展示の更新を行うこと。

（調査研究）

第七条　博物館は、博物館資料の収集、保管及び展示等の活動を効果的に行うため、単独で又は他の博物館、研究機関等と共同すること等により、基本的運営方針に基づき、博物館資料に関する専門的、技術的な調査研究並びに博物館資料の保管及び展示等の方法に関する技術的研究その他の調査研究を行うよう努めるものとする。

（学習機会の提供等）

第八条　博物館は、利用者の学習活動又は調査研究に資するため、次に掲げる業務を実施するものとする。

一　博物館資料に関する各種の講演会、研究会、説明会等（児童又は生徒を対象として体験活動その他の学習活動を行わせる催しを含む。以下「講演会等」という。）の開催、館外巡回展示の実施等の方法により学習機会を提供すること。

二　学校教育及び社会教育における博物館資料の利用その他博物館の利用に関し、学校の教職員及び社会教育指導者に対して適切な利用方法に関する助言その他の協力を行うこと。

三　利用者からの求めに応じ、博物館資料に係る説明又は助言を行うこと。

（情報の提供等）

第九条　博物館は、当該博物館の利用の便宜若しくは利用機会の拡大又は第七条の調査研究の成果の普及を図るため、次に掲げる業務を実施するものとする。

一　実施する事業の内容又は博物館資料に関する案内書、パンフレット、目録、図録等を作成するとともに、これらを閲覧に供し、頒布すること。

二　博物館資料に関する解説書、年報、調査研究の報告書等を作成するとともに、これらを閲覧に供し、頒布すること。

2 前項の業務を実施するに当たっては、インターネット等を積極的に活用するよう努めるものとする。

（利用者に対応したサービスの提供）

第十条　博物館は、事業を実施するに当たっては、高齢者、障害者、乳幼児の保護者、外国人その他特に配慮を必要と

する者が当該事業を円滑に利用できるよう、介助を行う者の配置による支援、館内におけるベビーカーの貸与、外国語による解説資料等の作成及び頒布その他のサービスの提供に努めるものとする。

2 博物館は、当該博物館の特性を踏まえつつ、当該博物館の実施する事業及び関連する学術研究等に対する青少年の関心と理解を深めるため、青少年向けの解説資料等の作成及び頒布その他のサービスの提供に努めるものとする。

（学校、家庭及び地域社会との連携等）

第十一条　博物館は、事業を実施するに当たっては、学校、当該博物館と異なる種類の博物館資料を所蔵する博物館等の他の博物館、公民館、図書館等の社会教育施設その他これらに類する施設、社会教育関係団体、関係行政機関、社会教育に関する事業を行う法人、民間事業者等との緊密な連携、協力に努めるものとする。

2 博物館は、その実施する事業において、利用者及び地域住民等の学習の成果に基づく知識及び技能を生かすことができるよう、これらの者に対し、展示資料の解説、講演会等に係る企画又は実施業務の補助、博物館資料の調査又は整理その他の活動の機会の提供に努めるものとする。

（開館日等）

第十二条　博物館は、開館日及び開館時間の設定に当たっては、利用者の要望、地域の実情、博物館資料の特性、展示の更新に係る所要日数等を勘案し、日曜日その他の一般の休日における開館、夜間における開館その他の方法により、利用者の利用の便宜を図るよう努めるものとする。

（職員）

第十三条　博物館に、館長を置くとともに、基本的運営方針に基づき適切に事業を実施するために必要な数の学芸員を置くものとする。

2 博物館に、前項に規定する職員のほか、事務及び技能的業務に従事する職員を置くものとする。

3 博物館は、基本的運営方針に基づきその事業を効率的かつ効果的に実施するため、博物館資料の収集、保管又は展示に係る業務、調査研究に係る業務、学習機会の提供に係る業務その他の業務を担当する各職員の専門的な能力が適切に培われ又は専門的な能力を有する職員が適切に各業務を担当する者として配置されるよう、各業務の分担の在り方、専任の職員の配置の在り方、効果的な複数の業務の兼務の在り方等について適宜、適切な見直しを行い、その運営体制の整備に努めるものとする。

（職員の研修）

第十四条　都道府県の教育委員会は、当該都道府県内の博物館の館長、学芸員その他職員の能力及び資質の向上を図るために、研修の機会の充実に努めるものとする。

2 博物館は、その職員を、前項の規定に基づき都道府県教育委員会が主催する研修その他必要な研修に参加させるよう努めるものとする。

（施設及び設備）

第十五条　博物館は、次の各号に掲げる施設及び設備その他の当該博物館の目的を達成するために必要な施設及び設備を備えるよう努めるものとする。

一　耐火、耐震、防虫害、防水、防塵、防音、温度及び湿度の調節、日光の遮断又は調節、通風の調節並びに汚損、破壊及び盗難の防止その他のその所蔵する博物館資料を適切に保管するために必要な施設及び設備

二　青少年向けの音声による解説を行うことができる機器、傾斜路、点字及び外国語による表示、授乳施設その他の青少年、高齢者、障害者、乳幼児の保護者、外国人等の円滑な利用に資するために必要な施設及び設備

三　休憩施設その他の利用者が快適に観覧できるよう、利用環境を整備するために必要な施設及び設備

（危機管理等）

第十六条　博物館は、事故、災害その他非常の事態（動物の伝染性疾病の発生を含む。）による被害を防止するため、当該博物館の特性を考慮しつつ、想定される事態に係る危機管理に関する手引書の作成、関係機関と連携した危機管理に関する訓練の定期的な実施その他の十分な措置を講じるものとする。

2　博物館は、利用者の安全の確保のため、防災上及び衛生上必要な設備を備えるとともに、事故や災害等が発生した場合等には、必要に応じて、入場制限、立入禁止等の措置をとるものとする。

附則

この告示は、公布の日から施行する。

公立博物館の設置及び運営に関する基準

(文部省告示第百六十四号)

博物館法(昭和二十六年法律第二百八十五号)第八条の規定に基づき、公立博物館の設置及び運営に関する基準を次のように定める。

記

昭和四十八年十一月三十日

平成一〇年一二月七日文部省告示第一六一号 改正

(趣旨)

第一条

この基準は、博物館法(昭和二十六年法律第二百八十五号)第二条第二項に規定する公立博物館(以下「博物館」という。)の設置及び運営上の望ましい基準を定め、博物館の健全な発達に資することを目的とする。

(定義)

第二条

この基準において、次の各号に掲げる用語の意義は、当該各号に定めるところによる。

一

「総合博物館」とは、人文科学及び自然科学の両分野にわたる資料(博物館法第二条第三項に規定する博物館資料をいう。以下同じ。)を総合的な立場から扱う博物館をいう。

二

「人文系博物館」とは、考古、歴史、民俗、造形美術等の人間の生活及び文化に関する資料を扱う博物館をいう。

三

「自然系博物館」とは、自然界を構成している事物若しくはその変遷に関する資料又は科学技術の基本原理若しくはその歴史に関する資料若しくは科学技術に関する最新の成果を示す資料を扱う博物館をいう。

(設置)

第三条

都道府県は、総合博物館又は人文博物館及び自然系博物館を設置するものとする。

2

市町村は、その規模及び能力に応じて、単独で又は他の市町村と共同して、地域社会の生活、文化、自然等と深い関連を有する資料を主として扱う総合博物館、人文系博物館又は自然系博物館を設置するものとする。

(施設及び設備)

第四条

都道府県及び地方自治法(昭和二十二年法律第六十七号)第二百五十二条の十九第一項の指定都市(以下「指定都市」という。)の設置する博物館には、次の表に掲げる事項に必要な施設及び設備を備えるものとする。

事項	施設及び設備
資料の保管	収蔵庫、技術室、作業室、荷解き室、消毒設備、集約収蔵設備等
資料の展示	展示室、準備室、視聴覚機器、展示用機器照明設備等
資料に関する集会その他の教育活動	集会室、教室、図書室、研究室、会議室、視聴覚機器、巡回展示用運搬自動車、教育研究用自動車、資料貸出用設備等
資料に関する調査及び研究	図書室、研究室、実験室、作業室、実験設備等
利用者の休憩及び安全	休憩室、救護室等
事務の管理	事務室、宿直室等

2

市(指定都市を除く。)町村の設置する博物館にあつては、前項の規定に準じて必要な施設及び設備を備えるように努めるものとする。

3

動物園(自然系博物館のうち、生きた動物を扱う博物館で、その飼育する動物が六十五種以上のものをいう。以下同じ。)、植物園(自然系博物館のうち、生きた植物を扱う博物館で、その栽培する植物が千五百種以上のものをいう。以下同じ。)及び水族館(自然系博物館のうち、生きた水族を扱う博物館で、その飼育する水族が百五十種以上のものをいう。以下同じ。)には、第一項の表に掲げる施設及び設備のほか、当該博物館において、資料を常時育成し、必要な展示を行うことができるようにするため、次の表に掲げる施設及び設備を備えるものとする。

博物館の種類	必要な施設及び設備
動物園	動物飼育展示施設、仮収容施設、動物診療施設、検疫施設、調飼用施設、飼料庫、汚物・汚水・塵芥処理施設等
植物園	圃場、育種室、腊葉庫、病理施設、園内特別植物管理施設等
水族館	展示水槽、放養及び飼養池、予備水槽、循環装置、治療施設、調飼用施設等

4

博物館には、資料を保全するため、必要に応じて、耐火、耐震、防虫害、防塵、防音、温度及び湿度の調節、日光の遮

断又は調節、通風の調節並びに汚損、破壊及び盗難の防止に必要な設備を備えるように努めるものとする。

(施設の面積)

第五条

博物館(動物園、植物園及び水族館を除く。)の建物の延べ面積は、都道府県及び指定都市の設置する博物館にあつては六千平方メートルを、市(指定都市を除く。)町村の設置する博物館にあつては二千平方メートルをそれぞれ標準とする。

2

動物園、植物園及び水族館の施設の面積は、次の表に掲げる面積を標準とする。

博物館の種類	施設の面積
動物園	建物の延べ面積　二十平方メートルに平均同時利用者数を乗じて得た面積
植物園	敷地の面積　二十万平方メートル
水族館	敷地の面積　四千平方メートル

(備考)　この表中「平均同時利用者数」は、次の算式により算定するものとする。((年間利用者数(又は年間利用者見込数)×1日利用者1人の平均利用時間数)／年間公開時間数)×1.5

(資料)

第六条

博物館(動物園、植物園及び水族館を除く。)は、実物又は現象に関する資料(以下「一次資料」という。)について、当該資料に関する学問分野、地域における当該資料の所在状況及び当該資料の展示上の効果を考慮して、必要な数を収集し、保管し、及び展示するものとする。

2

動物園、植物園及び水族館は、おおむね、次の表に掲げる数の一次資料を収集し、育成し、及び展示するものとする。

博物館の種類	資料数
動物園	六五種三二五点ないし一六五種八二五点
植物園	一、五〇〇種六、〇〇〇樹木
水族館	一五〇種二、五〇〇点

3

博物館は、実物資料について、その収集若しくは保管(育成を含む。)が困難な場合、その展示のために教育的配慮が必要な場合又はその館外貸出しが困難な場合には、必要に応じて、実物資料に係る模型、模造、模写又は複製の資料を収集又は製作するものとする。

4

博物館は、一次資料のほか、一次資料に関する図書、文献、調査資料その他必要な資料(以下「二次資料」という。)を収集し、保管するものとする。

5

博物館は、一次資料の所在を調査して、その収集及び保管(現地保存を含む。)に努めるとともに、資料の補修及び更新、新しい模型の製作等により所蔵資料の整備及び充実に努めるものとする。

(展示方法等)

第七条

資料の展示に当たつては、利用者の関心を深め、資料に関する知識の啓発に資するため、次に掲げる事項の実施に努めるものとする。

一

確実な情報と研究に基づく正確な資料を用いること。

二

総合展示、課題展示、分類展示、生態展示、動態展示等の展示方法により、その効果を上げること。

三

博物館の所蔵する資料による通常の展示のほか、必要に応じて、特定の主題に基づき、その所蔵する資料又は臨時に収集した資料による特別展示を行うこと。

四

二次資料又は視聴覚手段を活用すること。

五

資料の理解又は鑑賞に資するための説明会、講演会等を行うこと。

六

展示資料の解説並びに資料に係る利用者の調査及び研究についての指導を行うこと。

(教育活動等)

第八条

博物館は、利用者の教育活動に資するため、次に掲げる事項を実施するものとする。

一

資料に関する各種の講座又は諸集会(児童又は生徒を対象とした夏季休業日等における観察その他の学習活動を含む。)を開催すること。

二

資料の貸出し及び館外巡回展示を行うこと。

三

資料の利用その他博物館の利用に関し、学校の教職員及び社会教育指導者に対して助言と援助を与えること。

(目録の作成等)

第九条

博物館は、利用者の便宜のために、資料に関する目録、展示資料に関する解説書又は案内書等を作成するとともに、資料に関する調査研究の成果の公表その他の広報活動を行うものとする。

(開館日等)

第十条

博物館の一年間の開館日数は、二百五十日を標準とし、利用者の要請、地域の実情、資料の特性、展示の更新所要日数

等を勘案して、増減するものとする。

2

博物館は、利用者の便宜のために、夜間開館日を設けるように努めるものとする。

(入場制限等)

第十一条

博物館は、利用者の安全を確保するため、防災及び衛生に必要な設備を備えるとともに、必要に応じて、入場制限、立入禁止等の措置をとるものとする。

(職員)

第十二条

博物館には、学芸員を置き、博物館の規模及び活動状況に応じて学芸員の数を増加するように努めるものとする。

2

博物館には、前項に規定する職員のほか、事務又は技術に従事する職員を置くものとする。

(職員の研修)

第十三条

都道府県の教育委員会は、当該都道府県内の博物館の館長、学芸員及び学芸員補の資質の向上を図るために必要な研修の機会を用意するものとする。

2

市町村の教育委員会は、当該市町村の教員委員会の所管に属する博物館の前項に規定する職員を、同項の研修に参加させるように努めなければならない。

改正文

公布の日から施行する。

参考文献

引用・参考文献

アート・ドキュメンテーション研究会　『美術情報と図書館　報告書』　1995

青木　豊　『博物館技術学』雄山閣出版　1985

青木　豊編　『史跡整備と博物館』　雄山閣　2006

青木　豊他　『新版博物館学講座5　博物資料論』　雄山閣　1999

青木　豊他　『新版博物館学講座9　博物館展示法』　雄山閣　2000

青木　豊・矢島國雄編　『博物館人物史　上』　雄山閣　2010

朝日新聞マリオン編集部　『美の裏方　学芸員からのメッセージ』　ぺりかん社　1993

網干善教・小川光陽・平　祐史編　『博物館学概説』　佛教大学　1985

網干善教・小川光陽・平　祐史編　全国大学博物館学講座協議会関西部会　『博物館学概説』　2001

新井重三編　『博物館学講座1　博物館学総論』　雄山閣出版　1979

新井重三・加藤有次編　『博物館学講座10　参考資料』　雄山閣出版　1981

新井重三・佐々木登朝編　『展示と展示法　博物館学講座7』　雄山閣出版　1981

新井重三　『実践エコミュージアム入門』　牧野出版　1995

新井英夫　「燻蒸施設の計画―虫菌害対策として」『博物館・資料館建設ファイル―これからの市町村施設設計のために―』　（『建築知識』1984年6月号）　1984

新井英夫　「文化財の微生物による被害と対策」『文化財虫菌害防除概説』　顚文化財虫害研究所　1991

荒川昭寿　「アメリカの博物館の運営―寄付とボランティアについて―」『博物館研究』　28-4　日本博物館協会　1993

安沢秀一　『史料館・文書館学への道』　吉川弘文館　1985

安藤正人　『記録史科学と現代』　吉川弘文館　1998

安藤正人・青山英幸　『記録史料の管理と文書館』　北海道大学図書刊行会　1996

石川陸郎　「博物館美術館の展示照明光源」『博物館研究』　15-6　1980

石附　実　『教育博物館と子ども』　福村出版　1986

石森秀三編　『博物館経営・情報論』（財）放送大学教育振興会　2000

石森秀三編　『博物館概論』（財）放送大学教育振興会　2003

石渡美江・熊野正也・松浦淳子・矢島國雄編　『博物館学事典』　東京堂出版　1996

伊藤健司　「北海道小樽市忍路土場遺跡から出土した保存処理後遺物の経年調査」『元興寺文化財研究所　研究報告2001』　元興寺文化財研究所／元興寺文化財研究所民俗文化財保存会　2002

伊藤健司　「島根県内における保存処理後遺物の経年調査～鹿島町・八雲村・大田市の現状と課題～」『島根考古学会誌』第19集　島根考古学会　2002

伊藤健司　「奈良県橿原市における保存処理後遺物の現状と課題」『元興寺文化財研究』82　元興寺文化財研究所　2002

伊藤健司　「石川県寺井町歴史民俗資料館における保存処理後遺物の現状と課題」『関西大学考古学研究室開設五拾周年記念考古学論叢』関西大学考古学研究室開設五拾周年記念考古学論叢刊行会　2003

伊藤健司・藤田浩明　「岡山大学における保存処理後遺物の現状と課題」『岡山大学埋蔵文化財調査研究センター紀要2002』　岡山大学埋蔵文化財研究センター　2004

伊藤健司　「関西大学博物館における保存処理後遺物の現状と課題」『関西大学博物館紀要』第10号　関西大学博物館　2004

伊藤健司　「山形県藤島町出土『独木舟』の現状と今後─乾燥した木製品の保存処理後の経年調査─」『山形考古』第7巻第4号（通巻34号）　山形考古学会　2004

伊藤健司　『保存処理後遺物の経年調査』（平成12～15年度科学研究費補助金基盤研究（A）（2）研究成果報告書）　2004

伊藤寿朗　『ひらけ、博物館』（岩波ブックレット No 188）　岩波書店　1991

伊藤寿朗　『市民のなかの博物館』　吉川弘文館　1993

伊藤寿朗・森田恒之編　『博物館概論』　学苑社　1978

今津節生　「新設博物館における保存環境」『福島県立博物館紀要』第1号　福島県立博物館　1985

岩崎宏之　「歴史史料のデータベース化」『人文学と情報処理』第2号　勉誠社　1993

岩崎友吉　『文化財の保存と修復』（NHKブックス）　日本放送出版協会　1977

岩淵潤子　『美術館の誕生─美は誰のものか─』　中央公論社　1995

上田　篤　『博物館からミューズランドへ』　学芸出版社　1989

上田　穣　『ルーツ日本の博物館─物産会から博覧会へ─』　大阪市立博物館　1979

上田修一　『人文学と情報処理』第4号　勉誠社　1994

上野益三　『日本博物館史』　平凡社　1986

宇治日出二郎　「国立民族学博物館友の会」『博物館研究』　14-10　日本博物館協会　1979

梅棹忠夫　『メデイアとしての博物館』　平凡社　1987

梅棹忠夫編　『博物館の世界』（中公新書567）　中央公論社　1980

梅棹忠夫編　『博物館と美術館』（中公新書625）　中央公論社　1981

梅棹忠夫編　『博物館の情報』（中公新書692）　中央公論社　1983

江本義理　「文化財の材質と劣化」『文化財の虫菌害と保存対策』　(財)文化財虫害研究所　1987

大塚和義編　『博物館学Ⅰ』　放送大学教育振興会　1990

大塚和義・矢島國雄　『博物館学Ⅱ』　放送大学教育振興会　1991

大槻虎男　「文化財劣化にあずかる微生物」『文化財の虫菌害と保存対策』　(財)文化財虫害研究所　1987

大原一興　『エコ・ミュージアムへの旅』　鹿島出版会　1999

多本浩二　『「もの」の詩学』（岩波現代選書102）岩波書店　1984

沖縄県立博物館友の会　『博物館においでよ』　1993

尾野正晴編　『美術館－この無知なるもの』　アキライケダギャラリー　1986

小原　巖　『博物館展示・教育論』　樹村房　2000

カール・E・グース　『良き博物館にするために─博物館管理学入門─』　博物館学協会　1973

加藤秀俊他編　『世界の博物館』　全22巻別巻1　講談社　1978
加藤有次　『博物館学序論』　雄山閣出版　1977
加藤有次　『博物館学総論』　雄山閣出版　1996
加藤有次・椎名仙卓　『博物館ハンドブック』　雄山閣出版　1990
加藤有次編　『博物館学講座3　日本の博物館の現状と課題』　雄山閣出版　1981
加藤有次他編　『新版博物館学講座12 博物館経営論』　雄山閣出版　1999
加藤有次他編　『新版博物館学講座　第1巻　博物館学概論』　雄山閣出版　2000
加藤有次他編　『新版博物館学講座　第3巻　博物館論―現状と課題―』　雄山閣出版　2000
門倉武夫　「文化財とほこりについて考える」『博物館・資料館建設ファイル―これからの市町村施設設計のために―（『建設知識』1984年6月号）』　1984
狩俣正雄　『組織のコミュニケーション論』　中央経済社　1995
元興寺文化財研究所　『創立三十周年記念誌』　1997
企業史料協議会　『企業と史料』　第5集　1995
京都造形芸術大学編　『保存科学入門』　角川書店　2002
キャサリーン・レニエ、マイケル・グロス、ロン・ジマーマン　『インタープリテーション入門』　小学館　1994
ギャリー・トムソン　『博物館の環境管理』　雄山閣出版　1988
熊野正也　「大学博物館の社会的な係わりとその接点」『明治大学博物館研究報告第1号』　明治大学博物館　1995
倉内史郎・伊藤寿朗・小川　剛・森田恒之編　『日本博物館沿革要覧』　講談社　1981
倉田公裕編　『博物館学講座8　博物館教育と普及』　雄山閣出版　1979
倉田公裕　『博物館学』　東京堂出版　1979
倉田公裕　『博物館の風景』　六興出版　1988
倉田公裕・矢島國雄　『新編博物館学』　東京堂出版　1997
倉田公裕　『新版博物館学』東京堂出版　2002
見城敏子　「酸・アルカリとその対策」『博物館・資料館建設ファイル―これからの市町村施設設計のために―』（『建築知識』1984年6月号）』　1984
公益財団法人文化財虫菌害研究所　『文化財の燻蒸処理標準仕様書』　2007
講談社　『世界の博物館』（全23巻）　1991
河野　靖　『文化遺産の保存と国際協力』　風響社　1995
国際博物館会議日本委員会　『人類に奉仕する今日と明日の博物館―第9回ＩＣＯＭ総会論文集』　1972
国際博物館会議日本委員会　『博物館と近代世界（第10回ＩＣＯＭ大会講演集）』1974
国際博物館会議日本委員会『博物館と文化交流（第11回ＩＣＯＭ総会講演集）』1978
国文学研究資料館史料館編　『史料の整理と管理』　岩波書店　1988
国立科学博物館　『国立博物館百年史』　第一法規　1977
国立民族学博物館編　『国立民族学博物館要覧』　1996

国立歴史民俗博物館編　『国立歴史民俗博物館10年史』　1991

小谷匡子　「絵画の保存」『文化財虫菌害防除概説』　(財)文化財虫害研究所　1991

五島邦治　「パソコンによる歴史史料専用データベースについて」『人文学と情報処理』第2号　勉誠社　1993

小林達雄　『ミュージアムの思想　小林達雄対談集』　ミュゼ　1999

古文化財編集委員会編　『考古学・美術史の自然科学的研究』　日本学術振興会　1980

古文化財編集委員会編　『古文化財の自然科学的研究』　同朋社　1984

駒見和夫　『だれもが学べる博物館へ　―公教育の博物館学』　学文社　2008

財団法人日本博物館協会　『博物館研究』(月刊)

財団法人日本博物館協会　『博物館の基本』　1995

財団法人日本博物館協会　2005年　「倫理指針1999年（カナダ博物館協会）」、「博物館の倫理規程2000年（アメリカ博物館協会）」、「博物館の倫理規程2002年（イギリス博物館協会）」

財団法人日本博物館協会　2010年　『アジア・太平洋地域の博物館連携にかかる総合調査報告書』（平成20年度文部科学省委託事業　地域と共に歩む博物館育成事業）

財団法人日本博物館協会　2011年『博物館倫理規程に関する　調査研究報告書』（平成22年度文部科学省委託事業　生涯学習施策に関する調査研究）

斎藤　忠　『歴訪　世界の博物館』　六興出版　1984

斎藤平茂　「文化財保存と建築」『文化財虫菌害防除概説』　(財)文化財虫害研究所　1991

齋　正弘　「ファシリテーションの実際」『造形ワークショップの広がり』　武蔵野美術大学出版局　2011

佐々木時雄　『動物園の歴史』　講談社　1987

佐々木時雄　『動物園の歴史　日本編　日本における動物園の成立』　西田書店　1975

佐々木時雄・佐々木拓二編　『続動物園の歴史　世界編』　西田書店　1977

佐野千絵ほか　『博物館資料保存論―文化財と空気汚染―』　みみずく舎　2010

沢田正昭　『文化財保存科学ノート』　近来来社　1997

澤柳大五郎編　『世界の美術館』　講談社　1968

椎名仙卓　『日本博物館発達史』　雄山閣出版　1988

椎名仙卓　『明治博物館事始め』　思文閣出版　1989

椎名仙卓　『図解　博物館史』　雄山閣出版　1993

滋賀県立琵琶湖博物館　『ワークショップ＆シンポジウム　博物館を評価する視点』　琵琶湖博物館研究調査報告　第17号　2000

柴田敏隆編　『博物館学講座6　資料の整理と保管』　雄山閣出版　1979

下津谷達男編　『博物館学講座9　博物館の設置と運営』　雄山閣出版　1980

下津谷達男　「資料の収集と整理」『博物館ハンドブック』　雄山閣出版　1990

下津谷達男・飯塚博和　「博物館の組織」『博物館ハンドブック』　雄山閣出版　1990

下津谷達男・金山喜昭　「博物館職員」『博物館ハンドブック』　雄山閣出版　1990

ジョージ・E・ハイン 『博物館で学ぶ』 同成社 2010

新建築学体系編集委員会 『新建築学体系 30 図書館・博物館の設計』 彰国社 1983

新潮社編・東京国立博物館監修 『こんなに面白い東京国立博物館』 新潮社 1991

水藤 真 『博物館を考える』 山川出版社 1998

菅原教夫 『美術館いま』 求龍堂 1984

杉田繁治 「人文学におけるデータベースの意義」『人文学と情報処理』第2号 勉誠社 1993

関 秀夫 『日本博物館学入門』 雄山閣出版 1993

専門図書館協議会 『専門情報機関総覧 1994』 1994

全国大学博物館学講座協議会西日本部会 『概説 博物館学』 芙蓉書房 2002

高井健司 『考古資料センター・博物館における情報化の基本構想』 1998

高野 修 『地域文書館論』 岩田書院 1995

鷹野光行 『新編博物館概論』 同成社 2011

高橋信裕 『ミュージアム＆アミューズメント』（Display Design in Japan 1980-1990 Vol.4） 六耀社 1992

高山正也編 『図書館・情報センターの経営』（図書館・情報学シリーズ④） 勁草書房 1994

田窪直規 「メデイア概念から図書館情報システムと博物館情報システムを解読する」『人文学と情報処理』第4号 勉誠社 1994

棚橋源太郎 『世界の博物館』 講談社 1947

棚橋源太郎 『博物館学綱要』 理想社 1950

棚橋源太郎 『博物館教育』 創元社 1953

棚橋源太郎 『博物館・美術館史』 長谷川書房 1957

田辺 悟 『現代博物館論』 暁印書館 1985

田邊三郎助・登石健三監修 『美術工芸品の保存と保管』 フジテクノシステム 1994

谷 邦夫 「収蔵庫の空調計画」『博物館・資料館建設ファイル―これからの市町村施設設計のために―』（『建築知識』1984年6月号） 1984

丹青研究所編 『ＥＣＯＭＵＳＥＵＭ―エコミュージアムの理念と海外事例報告―』 1998

千地万造編 『調査・研究と資料の収集 博物館学講座』5 雄山閣 1978

千地万造 『博物館の楽しみ方』 講談社現代新書 1994

通商産業省機械情報産業局監修 『データベース白書 1995』 データベース振興センター 1995

鶴田総一郎 『博物館学入門』 大空社 1956

Ｔアンブローズ 『博物館の設計と管理運営』 東京堂出版 1997

ディヴィット・Ｍ・ウイルソン 『大英博物館の舞台裏』 平凡社 1994

照井武彦 「国立歴史民俗博物館のデータベース」『人文学と情報処理』第2号 勉誠社 1993

電通総研 『民間非営利組織ＮＰＯとは何か』 日本経済新聞社 1996

東京藝術大学大学院文化財保存学日本画研究室編 『図解日本画用語事典』 東京美術 2007

登石健三　『古美術品保存の知識』　第一法規　1971

登石健三　「図書館における書籍・古文書等の保存処理」『書籍・古文書のむし・かび害保存の知識』　(財)文化財虫害研究

登石健三　「劣化原因となる環境因子（４）―光（その２）―」『博物館研究』22-3　1987

登石健三・見城敏子　「文化財の保存対策」『文化財虫菌害防除概説』　(財)文化財虫害研究所　1991

登石健三・見城敏子・山野勝次・新井英夫　『文化財・保存科学の原理』　丹青社　1990

東京国立博物館　『東京国立博物館百年史』　1973

東京国立博物館編　『東京国立博物館百年史・資料編』　1973

東京国立博物館編　『目で見る120年』　1992

東京都編　『上野動物園百年史・資料編』　1982

東京都編　『上野動物園百年史』　1983

戸尾任宏　「地方博物館・資料館の計画―その理論と方法―」『建築設計資料第５号』　建築資料研究社　1984

戸尾任宏　「地方博物館の新たな展開とその可能性」『建築設計資料第42号』　建築資料研究社　1993

戸田市立郷土博物館　『郷土博物館を学校教育に生かそう』　1994

栃木県立博物館　『小・中学校における博物館学習指導資料』　1985

中村たかお編　『博物館学概論』　源流社　1992

中村　浩　『何がわかるかブックス②　博物館学で何がわかるか』　芙蓉書房　1999

奈良国立博物館編　『奈良国立博物館百年の歩み』　1995

西日本工高建築連盟　『新建築設計ノート　博物館・美術館』　彰国社　1989

西野嘉章　『展示技術を問う』　平成８年度東京大学総合研究博物館学芸員専修コース資料　東京大学　1996

日本ドイツ美術館教育シンポジウムと行動1992報告書編集委員会　『[日本ドイツ美術館教育シンポジウムと行動1992]報告書』　日本文教出版　1992

日本建築学会篇　『建築設計資料集成７・建築―文化』　丸善　1981

日本展示学会　『展示学事典』編集委員会編　『展示学事典』　ぎょうせい　1996

日本図書館協会　『図書館はいま―白書・日本の図書館　1992』　1992

日本博物館協会　『博物館学入門』　理想社　1956

日本博物館協会　『わが国の近代博物館施設発達資料の集成とその研究』　明治編1　1963

日本博物館協会　『わが国の近代博物館施設発達資料の集成とその研究』　明治編2・補遺　1964

日本博物館協会『わが国の近代博物館施設発達資料の集成とその研究』　大正・昭和編　1964

日本博物館協会　『博物館に関する基礎調査』　1977

日本博物館協会　『博物館利用に関する調査研究』　1982

日本博物館協会　『日本の博物館事情（博物館白書平成５年度版）』　1993

日本博物館協会　「博物館実態調査Ⅹ」『博物館研究』29-11　日本博物館協会　1994

日本博物館協会　『学芸員研究会報告』　1963～73

日本博物館協会編　『全国博物館総覧』　加除式　ぎょうせい　1996

布谷知夫　『博物館の理念と運営―利用者主体の博物館学』　2005

野村東大　「建築・設備の全体計画」『博物館ハンドブック』　雄山閣出版　1990

博物館学研究会　『展示―その理論と方法―』　1971

博物館学研究会　『博物館と社会』　1972

博物館学研究会　『学芸員―その役割と訓練』　1974

「博物館における評価改善スキルアップ講座」実行委員会　『日本美術の授業』　日本文教出版　2006

長谷川栄　『美術館・美術館学』　至文堂　1981

長谷川栄　『これからの美術館』　鹿島出版会　1982

長谷川栄　『新しい美術館学　エコ・ミューゼの実際』　三交社　1994

8人の学芸員　『博物館の仕事』　岩田書院　2008

浜田耕作　『通論考古学』　大鐙閣　1922

早川俊章　「モントリオール議定書締約国会議―臭化メチルの規制をめぐって―」『月刊文化財』No.410　第一法規出版　1997

半澤重信　「展示空間の設計」『博物館・資料館建設ファイル―これからの市町村施設設計のために―（「建設知識」1984年6月号）』　1984

半澤重信　『博物館建築　博物館・美術館・資料館の空間設計』　鹿島出版会　1991

樋口秀雄編　『日本と世界の博物館史　博物館学講座』2　雄山閣出版　1981

美術館教育普及国際シンポジウム実行委員会　『美術館教育普及国際シンポジウム 1992　報告書・記念誌』　1992

日比野秀男　『美術館学芸員という仕事』　ぺりかん社　1994

広瀬　鎮　『博物館は生きている』（ＮＨＫブックスジュニア1）　日本放送出版協会　1972

広瀬　鎮編　『博物館学講座4　博物館と地域社会』　雄山閣出版　1979

富士川金二　『博物館学』　成文堂　1968

富士川金二　『増補改訂博物館学』　成文堂　1971

藤野幸雄　『大英博物館』（岩波新書　937）　岩波書店　1975

フリーマン・チルデン　『Interpreting Our Heritage』　University of North Carrolina Press　1957

増田　洋　『学芸員のひとりごと』　芸艸堂　1993

三浦定俊ほか　「新設博物館・美術館等における保存環境調査の実際」『月刊文化財』No.355　第一法規出版　1993

水嶋英治　『ミュージアムスタディガイド　学習目標と学芸員試験問題』アム・プロモーション　1999

三ッ山一志　「協力し合う―友の会・ボランティア活動―」『美術館・博物館は「いま」―現場からの報告24篇―』　日外アソシエーツ　1994

南　博史・西山弥生　「博物館における教育活動とマーケティング活動」『京都文化博物館研究紀要　朱雀』第7集　京都文化博物館　1997

宮本馨太郎　『民俗博物館論考』　慶友社　1985

札上義彦　『博物館の歴史展示の実際』　雄山閣出版　1992

森　崇・寺沢　勉　『ディスプレイ小辞典』　ダヴィッド社　1981

森　八郎　「文化財虫害対策」『文化財の虫菌害と保存対策』　(財)文化財虫害研究所　1987

森　八郎　「文化財の虫害調査法」『文化財の虫菌害と保存対策』　(財)文化財虫害研究所　1987

森本　晋　「奈良国立文化財研究所のデータベース　特に木簡データベースについて」『人文学と情報処理』第2号　勉誠社　1993

諸岡博熊　『企業博物館　ミュージアム・マネージメント』　東京堂出版　1995

文部科学省　『社会教育調査報告書』　2007

文部科学省　『社会教育調査報告書』　2010

文部科学省　『社会教育調査報告書』　2013

文部省社会教育局編　『学芸員講習講義要綱』　1953

矢野牧夫　「「ボランティア活動」と「友の会」―生涯学習時代の博物館活動を考える―」『博物館研究』28-2　博物館学協会　1993

山崎一雄　『古文化財の科学』　思文閣出版　1987

山野勝次　「文化財虫害の防除対策」『文化財の虫菌害と保存対策』　(財)文化財虫害研究所　1987

山野勝次　「文化財虫害の防除対策」『文化財虫菌害防除概説』　(財)文化財虫害研究所　1991

吉羽和火　『博物館の博物誌』　刊々堂出版　1980

吉田光邦編　『万国博覧会の研究』　思文閣出版　1986

レスター・E・サラモン　『米国の「非営利セクター」入門』　ダイヤモンド社　1994

参照URL

ＩＣＯＭ　「ICOM職業倫理規定（ICOM　Code of Ethics for Museums, 2006）」http://icom.museum/codes/japanese.pd

文部科学省　「博物館に関する調査研究報告書」　http://www.mext.go.jp/a_menu/01_l/08052911/1312951.htm

文部科学省　『カビ対策マニュアル』　http://www.mext.go.jp/b_menu/shingi/chousa/sonota/003/houkoku08111918/001.htm

フィッツウィリアム博物館　Fitzwilliam Museum　http://www.fitzmuseum.cam.ac.uk/

考古・人類学博物館　Museum of Archaeology and Anthropology　http://maa.cam.ac.uk/home/index.php/1/

レーン・ライブラリー　Wren Library　http://www.trin.cam.ac.uk/index.php?pageid=350

キャヴェンディッシュ博物館　Cavendish Museum　http://www-outreach.phy.cam.ac.uk/cav_museum/

ペトリー・エジプト考古博物館　Petrie Museum of Egyptian Archaeology　http://www.ucl.ac.uk/museums/petrie

アシュモリアン博物館　Ashmolean Museum　http://www.ashmolean.org/

ピット・リバース博物館　Pitt Rivers Museum　http://www.prm.ox.ac.uk/

セジウィック博物館　Sedgwick Museum of Earth Sciences　http://www.sedgwickmuseum.org/

新課程　博物館学ハンドブック1　執筆者一覧

一瀬和夫
　（元）京都橘大学文学部教授
　関西大学非常勤講師

河合正人
　（元）あやめ池遊園地自然博物館学芸員

熊　博毅
　（元）関西大学博物館学芸員

合田茂伸
　関西大学博物館学芸員

田中晋作
　山口大学客員教授

中西裕見子
　大阪府文化財保護課

西川卓志
　（元）西宮市立郷土資料館
　関西大学非常勤講師

西本昌弘
　関西大学文学部教授

林　進
　（元）大和文華館学芸部次長

原田正俊
　関西大学文学部教授

藤井裕之
　（元）吹田市立博物館副館長

藤井陽輔
　大阪府教育庁文化財保護課

藤原　学
　（元）大阪学院大学教授

三好唯義
　（元）神戸市立小磯記念美術館学芸員

宮武賴夫
　（元）大阪市立自然史博物館館長

森香奈子
　（元）高知県立文学館学芸員

森　隆男
　（元）関西大学文学部教授

文珠省三
　（元）関西大学博物館学芸員
　関西大学非常勤講師

山口卓也
　（元）関西大学博物館学芸員
　関西大学非常勤講師

（故）吉田晶子
　（元）〔財〕枚方市文化財研究調査会学芸員

米田文孝
　関西大学文学部教授

新課程　博物館学ハンドブック1

2015年3月31日　第1刷発行
2023年3月10日　第3刷発行

編著者　米　田　文　孝
　　　　森　　　隆　男
　　　　山　口　卓　也

発行所　関西大学出版部
　　　　〒564-8680　大阪府吹田市山手町3-3-35
　　　　TEL 06-6368-1121／FAX 06-6389-5162

印刷所　石川特殊特急製本㈱
　　　　〒540-0014　大阪府大阪市中央区龍造寺町7-38

Ⓒ2015　Fumitaka YONEDA　　　　　　　　Printed in japan
ISBN 978-4-87354-615-5 C3037　　落丁・乱丁はお取替えいたします。